"十四五"职业教育国家规划教材

职业教育汽车类专业新形态教材

QICHE WEIXIU JIEDAI SHIWU

汽车维修接待实务

（第2版）

主　编　何向东

副主编　欧素凤　林　璇　胡　琼　袁伟科　杨耀雄

重庆大学出版社

内容提要

本书是一本职业教育汽车类专业维修接待实务课程配套教材,由作者针对此类课程的特点精心编写而成。全书主要内容包括汽车维修服务业认知、汽车维修服务流程控制和现代汽车维修服务质量控制3个项目,共计11个学习任务。

本书既可作为职业教育汽车类专业的教材使用,也可供企业汽车维修服务顾问、业务接待员及相关人员参考。

图书在版编目(CIP)数据

汽车维修接待实务 / 何向东主编. --2版. --重庆:
重庆大学出版社,2022.1(2025.7 重印)
职业教育汽车类专业新形态教材
ISBN 978-7-5689-1583-0

Ⅰ.①汽… Ⅱ.①何… Ⅲ.①汽车维修业—商业服务
—职业教育—教材 Ⅳ.①U472.31

中国版本图书馆 CIP 数据核字(2022)第 011271 号

职业教育汽车类专业新形态教材
汽车维修接待实务
(第2版)

主 编 何向东
副主编 欧素凤 林 璇 胡 琼 袁伟科 杨耀雄
责任编辑:王晓蓉 版式设计:王晓蓉
责任校对:王 倩 责任印制:赵 晟

*

重庆大学出版社出版发行
社址:重庆市沙坪坝区大学城西路 21 号
邮编:401331
电话:(023)88617190 88617185(中小学)
传真:(023)88617186 88617166
网址:http://www.cqup.com.cn
邮箱:fxk@ cqup.com.cn(营销中心)
全国新华书店经销
重庆市正前方彩色印刷有限公司印刷

*

开本:787mm×1092mm 1/16 印张:12.25 字数:292千
2019 年 12 月第 1 版 2022 年 1 月第 2 版 2025 年 7 月第 3 次印刷(总第 7 次印刷)
ISBN 978-7-5689-1583-0 定价:39.00 元

EDITORIAL BOARD 编委会

本教材围绕深入贯彻、落实《国务院关于加快发展现代职业教育的决定》的精神进行编写,目的在于促进职业教育专业教学科学化、标准化和规范化。

本教材的编写,是以教育部制定的 4 个汽车类专业教学标准为基本依据进行的。教材从编写到成稿,具有以下特色:

第一,紧贴企业需求。编写团队认真总结了职业院校的优秀教学成果,较好地结合了企业的职业岗位需求,吸收了先进的职教理念。教材文字精练,实践性强。

第二,体现"做中学、学中做"。教材理论内容浅显易懂,活动内容贴合生产一线,将知识传授、模拟训练融为一体。

本教材力图把专业知识通过企业岗位的具体工作任务来呈现,最终提高学生的职业能力。本教材按照一体化教学方案设计,有利于拉近学校课堂教学与企业生产之间的距离,体现专业特征和职业特性,让学生感受职业氛围。开展一体化教学还有利于新技术、新工艺、新产品快速引入专业教学,保持教材、生产实际、学生和实训设备的协调发展。

本教材按照汽车运用与维修专业技能大赛的标准要求学生,以期真正实现"以赛促教,以赛促学"的目的。同时,让学生在典型工作任务的实践中去思考,明确工作规范和要求。

本教材配有电子课件供教师教学参考,可从重庆大学出版社的官方网站(www.cqup.com.cn)下载。

本教材由广东清远市职业技术学校何向东担任主编;广东清远市职业技术学校欧素凤、林璇、胡琼、广东清远工贸职业技术学校袁伟科、江门市第一职业高级中学杨耀雄担任副主编。具体分工如下:何向东、杨耀雄编写项目一、项目二的任务五;欧素凤编写项目二的任务一;林璇编写项目二的任务二;胡琼编写项目二的任务三;袁伟科编写项目二的任务四;何向东负责全书统稿。

本教材在编写过程中,得到广东省内许多汽车维修企业、4S 店的服务顾问和职业院校老师的大力支持,在此表示衷心的感谢。

由于编者的水平有限,书中难免有不足之处,敬请各位专家、老师和学生以及广大读者提出修改意见和建议,以便再版修订时改正。

编 者

2019 年 2 月

CONTENTS 目 录

项目一 | 汽车维修服务业认知

/任务一/　走进汽车售后服务业

[任务目标]

- 能叙述服务的特征。
- 能叙述汽车售后服务的内涵。
- 能叙述汽车维修行业面临的新形势。
- 能叙述汽车维修服务业的发展策略。
- 能叙述汽车售后服务业的发展趋势。
- 能够按照汽车售后服务的主要业务流程进行角色扮演。

[任务引入]

2018年3月16日,张先生正开车行驶在高速公路上时,突然"砰"的一声,车胎爆裂。当时已接近深夜,张先生很着急,担心这么晚了到哪里去找维修机构。张先生冥思苦想,终于想到了汽车道路救援服务电话。客服人员接通电话后询问了事故情况,就近调派救援机构人员给张先生更换了备胎。

[任务准备]

一、服务的特征

服务一般是指服务提供者通过提供必要的手段和方法,满足服务接受对象需求的过程。在这个过程中,服务的提供方通过运用各种必要的手段和方法,使服务接受对象的需求得到满足。图1-1-1所示为客户正在接受服务。

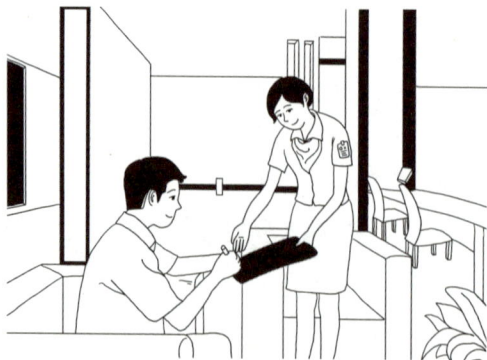

图 1-1-1　客户正在接受服务

服务的特征如下：

（1）无形性

相对于实体货物而言，服务很少是可触摸的，纯服务中很少或没有货物，主要或全部由不可触摸的要素组成。

（2）可变性

服务的质量和水平与服务提供者、服务接受者和时间等因素密切相关，甚至随着这些因素而发生变动。因此，服务比生产和货物的消费具有更大的可变性。

（3）同时性

服务的生产与消费是无法分开的，即服务的生产与消费同时发生。

（4）不可存储性

服务是一种不能存储的顾客体验和经历，而不像有形产品那样可放在仓库中存储。

二、汽车售后服务的概念、范畴

1.汽车售后服务概念

汽车售后服务是指汽车产品售出以后，汽车的生产企业或汽车产品的特约经销商为保证汽车能够安全、正常地运行而向客户提供的各方面的服务，如图 1-1-2 所示。

图 1-1-2　特约经销商为客户服务

2.汽车售后服务范畴

汽车售后服务是指将与汽车相关的要素同客户进行交互作用或由客户对其占有活动的

集合。

根据汽车在使用过程中服务的范围不同,汽车售后服务可分为广义的汽车售后服务和狭义的汽车售后服务两种。

(1)广义的汽车售后服务

广义的汽车售后服务是指从新车进入流通领域,直到其使用后回收、报废的各个环节中涉及的全部技术和非技术的服务。它包括汽车营销服务(如销售、广告宣传、贷款与保险咨询等),以及整车出售及其后与汽车使用相关的服务(如维修保养、车内装饰、金融服务、车辆保险、"三包"索赔、二手车交易、废车回收、事故救援和汽车文化传播等)。

(2)狭义的汽车售后服务

狭义的汽车售后服务是指为汽车购买者提供的与汽车使用相关的服务。

我们通常所说的汽车售后服务,一般是指汽车在售出之后维修和保养时所使用的零配件和服务,包括汽车零配件销售、汽车修理服务和汽车美容养护三大类。

三、汽车售后服务的内涵

汽车售后服务的内涵主要有:

(1)汽车售后服务的目标是满足客户需求,让客户满意

汽车售后服务的最终目标是实现客户满意。汽车售后服务的本质是服务,质量是汽车售后服务企业的生命。客户的满意程度反映了对汽车售后服务的认同程度,因此汽车售后服务应以提升客户满意度为中心,如图 1-1-3 所示。

图 1-1-3　提升客户满意度

(2)现代汽车售后服务的界定标志是信息技术

现代汽车售后服务与传统汽车售后服务的区别在于,现代汽车售后服务是以信息技术为支撑来实现其功能的。现代汽车售后服务对信息技术的依赖达到了空前的程度,可以说现代信息技术是现代汽车售后服务的灵魂。

(3)现代汽车售后服务的精髓是汽车售后服务系统的整合

汽车售后服务系统化是系统科学在现代汽车售后服务中应用的结果。人们利用系统科学的思想和方法建立汽车售后服务体系,从系统的角度统筹规划和整合各种与汽车售后服务相关的活动。

四、汽车售后服务市场现状

汽车维修行业是一个朝阳行业,已由道路运输业附属部分转化为社会主义市场经济的重要组成部分。同时,它也由纯劳动技术型行业转化为具有专业技术型、劳动密集型、作业分散型、市场调节型、服务延伸型五大特性,为道路运输业、汽车产业和广大社会消费者提供全方位服务的产业,其市场发展潜力巨大。

按照美国汽车售后业协会的定义,所谓"汽车售后市场"是指"汽车在售出之后,经销汽车进行维修和保养所使用的零配件与提供维修保养这项服务机构的总和",其涉及的企业主要包括汽车零配件的制造商、汽车零配件的销售商和汽车修理服务商三大类。我国汽车售后服务业现状如下:

(1)底子薄,基础弱

由于受到计划经济体制的影响,长期以来国内汽车售后服务市场缺乏来自内部的竞争和价值规律强有力的杠杆作用。在我国改革开放初期,公务车和各类社会团体是汽车用户的主体,它们对汽车售后服务的要求不高,未能形成对汽车售后服务的足够压力。同时,国内的汽车服务业一直受到国家政策的保护,缺乏外来竞争,故水平不够高。今天,国内的汽车售后服务业虽然得到了很大程度的发展,但仍然存在一些服务缺陷,许多汽车生产厂商建立的销售系统还不能有效地和社会服务系统进行有机整合,其他服务类别也是各自为政。这些问题阻碍了我国汽车售后服务业的发展。

(2)多种机制并行

从目前汽车售后服务方式分析,我国汽车售后服务主要有以下4种经营模式。

①路边店:路边店的规模小、形象差,但地理位置往往方便停车;占地少,投资低,多为临时经营性质;设施设备落后;产品来源无法确认,维修质量难以保证;收费低,常规服务时间快。

②4S店、特约维修站:4S店或特约维修站是整车生产厂商主导的非独立渠道,零配件主要通过整车厂商的销售部门直接送达。4S店或特约维修站具有整体形象好,服务系统周到、专业;投资成本高;服务费贵,维修车型单一;人员素质高;管理系统流程化;维修、配件质量有保障;有整车厂商的支持和监督;地理位置有一定局限性等特点。

③传统大中型维修企业:这种企业具有存在的时间比较长,厂房面积大、设备多,维修人员经验丰富;投资成本高;服务收费高;机制不够灵活;有一大批公司政府客户,和保险公司通常有较好的合作关系;服务时间较长等特点。

④快修连锁店:快修连锁是近几年才开始在国内兴起的维修形式。这种店具有依靠强势品牌,形象好;连锁企业网点多,且靠近客户活动区域;投资适中;通常有统一服务和收费规范,服务质量有保障等特点。

(3)市场秩序混乱

目前,我国汽车售后服务市场秩序较为混乱。其表现如下:市场运作混乱,尤其是流通领域;价格体系和执行混乱,普遍存在服务透明度低、收费混乱的现象;市场竞争秩序混乱。

形成原因:汽车售后服务业门槛不高,导致从业者数量多,服务水平参差不齐,大多采取低价吸引客户等恶性竞争手段,这也是汽车售后服务产业存在诸多问题的根源所在。

（4）品牌优势不突出

我国汽车售后服务企业规模较小、持续经营能力差、品牌服务观念不突出。相对于国外连锁化汽车售后服务巨头,国内的汽车售后服务企业普遍缺乏品牌服务观念,体现不出差异化服务。

（5）服务理念滞后

国外汽车售后服务的立足点是提高保质期限,保证正常使用期,推行"保姆式"品牌服务,而国内汽车售后服务的立足点是"坏了保证修理"。国外售后服务内容丰富,零部件更换、销售、维修和保养"一条龙",而国内则是维修服务内容单一。相对于国外的汽车售后服务,国内汽车售后服务的意识和理念较为滞后。

五、汽车维修行业面临的新形势

中国汽车维修行业面临的新形势如下:

（1）汽车保有量迅猛增长,维修需求增幅明显

随着汽车进入家庭的步伐加快,汽车维修服务行业成为社会的关注焦点,维修行业将面临新的挑战。

（2）汽车技术含量不断提高,维修作业方式发生根本变化

汽车维修的传统方式是以机械修理为主,稍带进行一些简单的电路检修。现在则逐步转向依靠电子设备和信息数据进行诊断与维修,这无疑对维修技术人员提出了更高的要求。

（3）行业竞争更加激烈

中国加入世界经济贸易组织、全面开放市场后,各个行业均面临激烈的竞争环境,汽车维修行业也不例外。美国蓝霸、德国博世等快修连锁品牌纷纷进入中国,使汽车维修行业竞争更加激烈。

（4）行业监管力度加大

交通主管部门对汽车维修行业不断加大管理力度,要求汽车维修服务更加规范、有序。

（5）节能减排呼唤绿色维修

国家"十二五""十三五"规划要求必须树立绿色、低碳发展理念,力争行业总悬浮颗粒物（TSP）和化学需氧量（COD）等主要污染物排放强度比"十一五"末降低20%;与2005年相比,营运车辆单位运输周转量的能耗和二氧化碳排放量分别下降10%和11%。随着车辆节能技术、代用燃料等新技术的推出,汽车维修技术将向绿色维修、生态维修方向发展。

六、汽车维修服务业发展策略

（1）树立新型售后服务理念

树立新型售后服务理念,即把售后服务作为维护品牌、追求服务差异化、提高企业形象、参与国际竞争和全球经济一体化、全面进军国际市场的有力保障,让本企业在激烈的市场竞争中获得良好的市场信誉和经济效益。

（2）打造一支过硬的业务骨干

汽车售后服务虽然是一项商业性的工作，但它也是一项技术性很强的工作。因此，要有一支强大的售后服务技术骨干队伍，定期开展业务技术培训，有条件的企业可委托职业院校代为培训。不断充实骨干的专业技术知识，才能使他们适应不断变化的市场形势，更好地开展售后服务工作。

（3）提高管理层人员的水平

企业管理层人员的素质是关系企业兴衰、影响企业效益的关键因素。随着我国经济市场开放的深入，国外的汽车品牌纷纷进入，汽车售后服务业要与国际接轨。我们迫切需要既精通外语，又具有一定管理能力，还熟悉国际法通则的高素质经营管理人才。

（4）建立维修网络

建立强大售后服务网络的载体，为高效、快速地开展售后服务提供了可靠保障。如果客户的汽车在途中发生故障，应做到打个电话维修部门就能派人驾车前去修理，并尽量在当天完成。

（5）售后服务品牌化策略

企业通过售后服务，能够让顾客明确地识别并记住自己的品牌，促使客户认同、喜欢乃至偏爱自己的品牌。成功的汽车售后服务品牌，要根据企业产品自身的特点、顾客的需求，以及企业自身的能力来设计，而不是过度地追求服务的相应时间、完成速度及服务时间的长度。

七、电商对汽车售后服务的影响

（1）互联网在深刻地改变着汽车产业

互联网的发展速度远远快于传统产业，作为一个产业金矿，互联网向汽车产业的渗透可谓不遗余力。但过去几年汽车行业对互联网的使用都只局限在营销公关传播领域，未来几年将向产品、销售、售后、二手车、保险金融等领域渗透。

（2）互联网以及移动互联网在向后市场加速渗透

过去10年，中国汽车后市场车间里最大的变化是增加了更多的高科技诊断设备，如车载电脑诊断仪、四轮定位仪、专用示波器、专用电表、尾气检测仪等。4S体系已经普遍配备电子配件目录、网络化维修资料、智能诊断系统，一些厂商已经配备了远程诊断系统。

随着移动互联网的发展，车主对线上服务咨询、询价、发现最优服务商的需求在增长，这使得很多风险投资开始向后市场的O2O投资。主机厂、汽车门户和垂直网站、中小创业者都已经在尝试建立自己的O2O网站，试图建立配件商、服务商、车主的B2B2C平台。

（3）借助互联网的后市场连锁将挑战4S连锁体系

随着新车销售放缓，主机厂的4S扩张也遇到瓶颈，盈利能力下滑困扰着大多数4S店。由于配件供给受制于厂商，4S店的服务盈利能力必须定位于高端用户群，这部分用户的品牌敏感度很高，虽然售后服务可能会贡献50%以上的利润，但如果未来不走向互联网，4S店的售后基本上无力进行服务品牌营销。另外，在过去10多年里，多数全国性的快修连锁都告失败。但互联网在客户、服务商、竞价等领域可以发挥资源集约化优势,这使得困扰汽车后市场的众多问题有可能得到解决。

八、汽车售后服务业呈现出三大发展趋势

1.品牌化经营

品牌化经营主要分为汽车制造商品牌化经营和专业汽配维修商品牌化经营两类。在国外,大的汽车生产商往往也是售后市场的主力。这类维修厂规模较大,生产设备精良,维修人员受过统一培训,在技术上具有权威性,服务对象主要是定点维修的自主品牌车。例如,丰田汽车公司在全球有7 300多家销售服务网点,将近10万名员工,是从事制造员工的两倍多。专业汽配维修商则是自创服务品牌的连锁店。

2.观念从修理转向维护

国外汽车厂家认为,坏了修还不是真正的服务,真正的服务是要保证用户的正常使用,通过服务给客户的产品增加使用价值。厂家在产品制造上提出了"零修理"概念,售后服务的重点转向维护保养。

3.高科技不断渗透

随着技术的发展,汽车的电子化水平越来越高,汽车保修越来越复杂,大批高科技维修设备应用于汽车维修行业。随着汽车维修网络技术的发展,工作人员随时可以在网上获得维修资料、诊断数据、电路图、修理流程等,缩小了不同规模的维修企业在获取技术信息方面的差异。

九、汽车维修质量管理机构

汽车维修企业必须建立健全与其维修类别相适应的质量管理机构。三类企业应明确由技术业务水平高的人员负责维修质量管理工作。二类维修企业应建立"质量管理领导小组",其成员由企业技术负责人、专职检验员(经过国家培训并取得"检验员证"),以及质量管理部门和其他有关负责人组成。一类汽车维修企业还应单独设置质量管理的具体办事机构——质量检验科,其他成员由专业技术人员、专职检验员及资料员等组成。

质量管理机构和人员的主要职责:

①认真执行质量管理法规。

②贯彻执行政府颁布的有关汽车维修的技术标准以及地方标准。

③制订维修工艺和操作规程。

④依据国家标准、行业标准、地方标准的要求,制订汽车维修企业技术标准。

⑤建立健全汽车维修企业户内部质量保证体系,加强质量检验,掌握质量动态,进行质量分析,推行全面质量管理。

⑥开展质量评优与奖惩工作。

十、经销商(4S店)基本工作架构

目前,汽车维修行业企业的主要类型还是4S店模式。究其原因,一方面,4S店是目前我国汽车维修行业中生产组织较为规范、生产工艺较为先进的企业类型;另一方面,4S 店是各职业学校毕业生较愿意就业的单位,是各职业院校校企合作较密切的企业群。

1.经销商(4S 店)的基本组织架构

目前主机厂一般要求经销商严格按照 4S 店组织机构图设置业务部门和相关岗位,并且按照岗位编制和岗位职责要求配备相应人员,如图 1-1-4 所示。

图 1-1-4　经销商(4S 店)组织机构图

2.服务部机构

服务部是经销商的核心部门之一,具有服务接待、车辆维修等职能,是经销商主要的利润来源部门之一。

服务部主要包括机修车间、备件部、钣喷车间、前台接待、技术支持、保险理赔等部门。

[任务实施]

活动　汽车维修服务接待流程的认知实践

一、活动前的准备工作

活动前的准备工作如表 1-1-1 所示,将学生分成 4 组进行。

表 1-1-1　活动前的准备工作

序　号	名　称	数　量	单　位	备　注
1	汽车	4	辆	根据本校实际情况选择车型
2	维修接待台及椅	4/8	个/把	
3	洽谈桌及椅	4/8	个/把	
4	收银台及椅	4/8	个/把	
5	饮水机	4	台	
6	饮料、纸杯	若干	瓶/包	
7	接车板夹	8	个	
8	笔	8	支	

续表

序　号	名　　称	数　量	单　位	备　　注
9	计算机	4	台	
10	打印机	4	台	
11	白手套	2	副	
12	三件套	若干	套	
13	维修保养手册	4	本	
14	计时器	4	个	

二、活动描述

（一）主题

一位客户来 4S 店进行 5 000 km 常规维护,服务顾问进行接待。

（二）角色扮演的学习目标

在完成该角色扮演时,服务顾问能够按照维修服务接待的流程来操作及具体实施。

（三）角色扮演的过程

服务顾问小潘做好了工作前的准备。客户刘先生开车来到小潘所在的 4S 店,小潘经过简单的询问后得知,刘先生来店是做车辆的 5 000 km 常规维护。小潘按照汽车维修服务业务接待的流程接待了客户刘先生。

（四）情景

日期:×月×日。

客户刘先生来到×4S 店做 5 000 km 定期维护。

（五）车辆信息

车辆型号:×××。

车架号:×××。

行驶里程:5 009 km。

购买日期:2017 年 10 月 1 日。

（六）客户要求与期望

①客户希望能够得到工作人员的热情接待。

②客户希望在约定的期限内完成车辆的维护。

③客户希望了解此次维修维护所做的全部工作及其过程。

④客户希望了解费用组成。

⑤客户希望能够有人协助他亲自验车。

⑥客户希望能够有人协助他离开经销店并询问其服务感受。

（七）客户角色的要求

假定你是客户，在车辆维护过程中，你希望：

①能够收到一辆清洗干净的爱车。

②能够在约定的期限内交车。

③了解此次维修维护所做的全部工作及其过程。

④了解费用组成。

⑤能够有人协助自己亲自验车。

⑥能够有人协助自己离开经销店并询问自己对服务的感受。

（八）模拟实施

根据上面的描述和要求模拟该活动的角色扮演。

[任务评价]

1.理论知识评价

请完成理论知识评价，如表 1-1-2 所示。

表 1-1-2　理论知识评价

问　题	正　确	错　误
①通常所说的汽车售后服务，一般是指汽车在售出之后维修和保养中所使用的零配件和服务		
②汽车售后服务的目标是满足客户需求		
③现代汽车售后服务不能依赖信息技术的发展		
④汽车维修路边店的规模小、形象差，但地理位置往往方便停车		
⑤4S 店或特约维修站具有整体形象好，服务系统周到、专业；投资成本高；服务费贵等特点		
⑥汽车维修服务行业不会成为社会的关注焦点，不会面临任何挑战		
⑦交通主管部门对汽车维修行业不断加大管理力度，要求汽车维修服务更加规范、有序		
⑧经销商(4S 店)应按照岗位编制和岗位职责要求配备相应人员		
⑨前台的服务顾问承担了客户与企业的沟通职责，尽管不同品牌和厂家的要求不同，但基本业务流程应该大同小异		
⑩车辆坏了修还不是真正的服务，真正的服务是要保证用户的正常使用，给客户的产品增加使用价值		．

2.活动表现评价

请完成活动表现评价,如表 1-1-3 所示。

表 1-1-3　活动表现评价

评价项目	完　成		没有完成
	良好	有待提高	
①语气、语调和吐词清晰度			
②态度客气、有礼貌			
③使用浅显易懂的语言			
④不打断客户谈话			
⑤记录			
⑥问候客户时,保持目光接触并面带微笑			
⑦确认客户姓名并在交流过程中使用			
⑧仔细倾听并确定客户的服务需求			
⑨通过提问,从客户那里收集附加信息			
⑩亲自确认车辆状况			
⑪使用提问来确认自己的理解是否正确			
⑫询问客户是否还有其他疑虑			
⑬使用通俗易懂的语言清楚地书写派工单记录			
⑭询问客户是否需要提供替代交通工具			
其他表现:			

/任务二/ 汽车维修服务规范认知

[任务目标]

- 能叙述汽车维修的职业道德。
- 能叙述汽车维修的指导思想。
- 能叙述汽车维修的制度。
- 能叙述汽车维修的作业要求。
- 能叙述机动车维修服务的规范标准。
- 能叙述事故车辆的维修接待流程。
- 能叙述汽车的维修合同内容。
- 能叙述何为汽车"三包"。
- 能叙述政府对汽车后市场的要求。
- 能够准确地对定期维护进行解释。

[任务引入]

过去,中国质量协会和全国用户委员会表彰了 97 家"全国用户满意服务"企业,通用汽车成为唯一获此殊荣的汽车公司。

世界著名权威调查机构 J.D.Power 经过对国内 24 个合资及国产汽车品牌用户的广泛调查,公布了过去中国汽车市场售后服务满意度(CSI)调研报告。别克品牌曾经以高分超越其他品牌,排名第一。别克品牌的胜出,再次以消费者的"选票"对长期以来口碑卓著的别克售后服务给予了肯定。

[任务准备]

一、汽车维修职业道德

1.职业道德含义

人们在从事正当职业并履行其职业过程中所应该遵循的行为规范与准则就是职业道德。这种规范主要依靠社会舆论、传统习惯和内心信念来维持。它是一般社会道德在职业生涯中的具体体现。

2.汽车维修职业道德规范内容

汽车维修从业人员在职业活动中应遵循的道德规范的主要内容:爱岗敬业,钻研技术;

精工细修,优质高效;操作规范,团结协作;勤俭节约,爱护器材。

具体包括以下内容:

(1)真诚沟通

真诚沟通是指主动热情地对待客户,认真聆听客户诉说,换位思考理解客户的期望与要求,仔细分析造成问题的原因,耐心解答客户的问题,最大限度地与客户达成共识。

(2)服务周到

服务周到是企业指在车辆维修前、维修中、维修后向客户提供全方位的优质服务。

(3)合理收费

合理收费是指汽车维修企业在承接汽车维修业务时,要做到明码标价、以质论价、按项收费。企业严格按照实际发生的维修内容核定维修工作量,严格按照汽车维修主管部门制定的汽车维修工时定额、核准的单位工时收费标准、允许的零配件加价幅度等标准核定全部维修费用。企业应做到不乱报工时、不高估冒算、不小题大做,更不能采取不正当的经营手段招揽业务。

(4)确保质量

维修过程中,各工序要严格按照技术要求和操作规程进行:所使用的原材料及零配件的规格、性能符合规定标准;按规定程序严格检验与测试零部件性能;发现故障隐患,并在征得客户同意后进行排除。维修竣工的车辆应该达到客户的预期。

(5)善待投诉

根据有关部门的调查,消费者在接受汽车维修服务中产生纠纷后,有46%的人选择协议解决,而通过消费者协议和"12315"消费投诉,最终转为协议解决的占了30%。这说明,通过汽车维修接待服务,可以化解绝大多数的汽车维修服务纠纷,极大地维护企业的形象。

二、汽车维修的指导思想

汽车是一种价值较高的机械产品,在长期使用过程中,由于技术状况的变化,不可避免地要发生故障和损坏。汽车维护的基本任务就是采用相应的技术措施预防故障的发生,避免损坏;汽车修理的基本任务就是消除故障和损坏部件,恢复车辆的工作能力和完好状况。

1.汽车技术状况的变化规律

汽车技术状况的变化规律是指汽车技术状况与行驶里程或时间的关系,研究和掌握汽车技术状况的变化规律,是控制汽车技术状况、完善汽车结构的重要手段。

汽车在使用过程中,由于结构和使用条件的不同,其技术状况会根据不同规律和不同强度发生变化,其变化规律可以归纳为两大类:渐发性和突发性。渐发性即表示汽车技术状况的参数随行驶里程或时间作单调变化,可用一定的回归函数式表示其变化规律;突发性即表示汽车、总成和零部件达到极限状态的时间是随机的、偶发的。

2.汽车维修的主要指导思想

汽车维修的指导思想是指组织实施车辆维修工作的指导方针和政策;也是人们对汽车维修目的、维修对象、维修活动的总认识。

正确的维修指导思想是客观规律的正确反映,它将直接影响维修活动。只有维修指导思想正确,才能产生正确的维修方案和策略。

(1)以预防为主的维修指导思想

以预防为主的维修指导思想,是指根据汽车技术状况变化的规律,在汽车发生故障前进行维护或修理,以防止故障发生。预防为主的维修指导思想是建立在零部件失效理论和失效规律的基础之上的,它对零件耗损引起的渐发性损坏可以起到预防作用,而对突发性损坏则起不到预防作用。

(2)以可靠性为中心的维修指导思想

随着汽车性能及功能的进一步发展,汽车的复杂程度也越来越高,其本身价值及维修费用在使用费用中所占比重也越来越高,这就迫切需要一种新的维修方法,能够以最佳的经济效益来实现汽车最大的可靠度。于是,以可靠性为中心的维修指导思想便开始应用于汽车维修领域。以可靠性为中心的维修指导思想,是以最低的消耗,充分利用汽车的固有可靠性来组织维修。它是以可靠性理论为基础,通过对影响可靠性因素的具体分析和试验,科学地制订出维修作业内容、维修时机,以控制汽车的使用可靠性。

三、汽车维修制度

1.汽车维修历史沿革

新中国成立初期,我国的汽车维修制度以学习苏联为主。

1954年交通运输部颁布《汽车运输企业技术标准与技术经济定额》(红皮书),明确规定了当时的汽车维修制度为强制预防性维修制度。其中规定汽车保修分为例行保养、一级保养、二级保养,将汽车修理分为小修、中修和大修。

此后,我国参考国外经验并结合我国国情,于1962年对该红皮书进行了较大修改,分别制定出《汽车运输企业技术管理制度》和《汽车运用技术规范》。

1965年,我国将汽车维护改为例行保养、一级保养、二级保养和三级保养,同时取消了中修。增加了三级保养作业,中心内容为总成解体、清洗、调整、消除隐患,并增加了部分修理内容。

20世纪70年代末80年代初,我国又对红皮书进行了修改,制定出《汽车运输与维修企业技术管理制度》和《汽车修理技术标准》。

在当时条件下,这些制度对我国的汽车维修制度及维修工作开展都起到了积极的推动作用。随着汽车技术和不解体检测技术的发展,以及人们对汽车技术状况变化规律认识水平的提高,旧的维修制度已经严重制约了我国汽车维修技术的发展。1990年,交通运输部为适应汽车维修的部门管理向行业管理转变,根据国家有关设备管理的规定和政策,结合我国汽车运输的实际情况和新中国成立以来的管理经验,汲取国内外技术管理的成果,制定了《汽车运输业技术管理规定》(以下简称《规定》)。该规定明确我国的维修制度属于计划预防性维修制度,规定车辆维修必须贯彻预防为主、定期检测、强制维护、视情修理的原则。

2.汽车维护

（1）首次维护

首次维护是指用户购车后按规定的里程或使用时间第一次到授权服务站对车辆进行检查和调整。首次维护将对车辆的各种液位进行检查,同时还要检验车辆是否运行正常。

根据《新车质量担保规定》,首次维护是车主享受质量担保的必要条件;在质量担保期内的任何担保,车主都必须出示《新车质量担保证明》和《首次维护证明》。

①首次维护的意义。

首次维护是服务网点做好服务营销的一次重要机会,除了按维护的规定项目和规范进行操作外,还应当做好以下工作:向客户介绍如何更好地使用车辆的各种功能;介绍本站的各种服务内容;介绍用户车辆的维护计划。

②首次维护的时间和里程。

车辆的首次维护是根据车辆的使用时间和行驶里程来确定的,不同的品牌或者同一品牌装配不同的发动机的车辆首次维护的时间和里程不尽相同。

③首次维护的内容。

首次维护是对车辆进行检查和调整,以及对车辆的各种液位进行检查,同时还要检验车辆是否运行正常。

（2）定期维护

定期维护是指,用户车辆按一定的行驶间隔里程或使用间隔时间,定期到授权服务站对车辆进行检查和维护,定期维护包括更换发动机机油和机油滤清器等项目。

①定期维护的意义。

定期到授权服务站按标准规范地对车辆进行维护和检查,可以及时更换易损、易耗件,发现和消除早期的故障隐患,防止故障的发生或损坏的扩大,恢复车辆的性能指标,提高车辆的完好率,有效地延长汽车的使用寿命。

②定期维护的时间和里程。

在正常使用条件下,新车行驶了规定的里程或时间(即 15 000 km 或 12 个月)后应当进行定期维护。

③定期维护的规范。

在定期维护中,所有车型使用统一的质量担保和维护手册,在维护中要使用定期维护表。

定期维护分五大类:标准操作、一般操作、专门操作、使用年限操作、更换正时皮带操作。

定期维护涉及 6 种油液的更换、检查:发动机机油、变速器油、助力转向油、发动机冷却液、制动液、玻璃清洗液。

在定期维护中,根据维护工艺又分为 8 个检查项目:检查或更换机油、液面检查或添加、更换易耗件、检查—调整、检查—项目、检查与删除故障记录、维护提示清零、路试。

④定期维护的内容。

定期维护的内容因品牌不同而有所不同。

3.汽车修理

汽车修理分为汽车大修、总成大修、车辆小修和零件修理4类。

汽车大修是指新车或大修后的车辆,在行驶一定里程(或时间)后经过检测诊断和技术鉴定,用修理或更换汽车任何零部件的方法恢复车辆的完好技术状况和工作能力,完全或接近完全恢复车辆寿命的恢复性修理。

总成大修是指车辆的总成经过一定行驶里程(或时间)后,用修理或更换总成任何零部件(包括基础件)的方法,恢复其完好技术状况和寿命的恢复性修理。

车辆小修是指用修理或更换汽车个别零部件的方法,保证或者恢复车辆工作能力的运行性修理。

零件修理(包括旧件修复)是指对因磨损、变形、损伤而不能继续使用的零件进行修复,以恢复其使用性能。零件修理,应考虑到有修复价值和符合经济的原则。

四、汽车维修的作业要求

1.车辆的保护

①车辆进入维修车间,在交付维修技师进行维修前,需要确认下列内容:转向盘、前排座椅、变速器操纵手柄、驻车制动器操纵手柄是否已经套了保护罩,汽车前排是否在左右分别放置了脚垫。

②在维修过程中,如果需要打开发动机舱进行维修或检查,一定要在发动机舱盖的前、左、右三面放置保护罩,以免划伤车身油漆。

2.维修作业

①维修技师按照"汽车维护检查项目表"的要求以及"汽车维修估价单"的指示内容,进行汽车的维护或修复作业,以保持汽车的正常状况,恢复汽车的原有性能。

②检查是否需要追加维修项目。如需要追加,告知维修接待,由其与客户联系并确认。

③如果需要使用液压千斤顶,必须做好相关的安全防护工作。

④如果需要拆卸内饰,必须保持双手清洁,以免脏污了内饰。

⑤在维修过程中,假如需要拆卸蓄电池,应该在维修作业完工之后,将时钟等需要恢复的电子设备恢复。

⑥在维修作业过程中,如有泥土、水、油液等落在地面上,应该及时清理干净。

⑦维修作业完成后,检查并记录"汽车维护检查项目表""汽车维修估价单""汽车维修追加项目单"上所列的每一项维修作业是否已按照要求完成。

五、汽车维修追加项目

如果在汽车维修过程中发现还有其他部位损坏、需要追加维修项目时,应该注意采用适当的策略,按照合理的程序进行。

①如果发现有需要追加的项目,维修技师要立即停止维修工作,向维修主管汇报;同时,加强诊断,确认全部需要追加的项目,准备好相关的证据,预估好追加的费用,测算出可以交车的时间,想好清楚解释的理由。

②维修主管通知服务顾问,由其马上与客户联系,征求客户意见,是否同意追加维修项目。

③服务顾问将检查、诊断结果向客户说明,将需要追加维修的项目内容、所换零件、维修费用、交车时间进行详细说明。说服客户时需采用一定的技巧。

A.说明存在问题的严重性。

B.判断客户听到要求追加维修项目后的反应。

C.如果问题涉及的专业性很强,建议客户来店,由维修技师当面向其说明。

D.假如追加项目所涉及的价格较高,要做好客户会暂时搁置或者给客户优惠工时费的准备。

E.如果客户询问是否必须现在就进行处理,应该视情况回答:假如所涉及的项目直接关系行车安全,建议客户一定追加维修并说明重要程度;假如所涉及的项目与行车安全关系不大,可以同意客户下次再做,但应说明假如这次一起做了,在维修程序上是多个项目合并进行,可以节省维修费用。

④得到客户同意后,填写"汽车维修追加项目单"。

⑤请客户确认"汽车维修追加项目单"之上的内容,并注明确认方式(现场签字、电话确认)。假如是电话确认的,最好能够有录音为证,起码也应该做好电话记录。

⑥假如客户不同意追加,一方面感谢客户与自己的交谈,另外一方面将检查结果、维修建议、客户决定都记录在工单上,以备将来产生纠纷时作为证据。

⑦无论客户是否同意追加维修项目,都要感谢客户与自己的交谈。

⑧在没有得到客户确认之前,绝对不允许擅自追加维修项目。

六、机动车维修服务的规范标准

为了更好地促进汽车后市场的健康发展,交通运输部 2011 年 10 月 8 日发布了《机动车维修服务规范》(JT/T 816—2011)标准,自 2012 年 1 月 10 日起实施。该标准为促进汽车后市场的规范服务提供了支持,详见附录。

1.范围

本规范规定了机动车维修服务的基本要求、维修服务流程及服务质量保证等方面的内容。

本规范适用于汽车整车维修企业和发动机、车身、电气系统、自动变速器专项维修业户,其他的机动车维修企业可参照执行。本规范可作为客户衡量机动车维修服务的依据。

2.总要求

①经营者应按照 GB/T 16739.1—2014、GB/T 16739.2—2014 的规定,根据维修车型种类、服务能力和经营项目,具备相应的人员、组织管理、安全生产、环境保护、设施、设备等条件,并取得机动车维修经营许可证等相关证件。

②经营者应依法经营、诚实信用、公平竞争、优质服务。在经营场所的醒目位置悬挂全国统一式样的机动车维修标志牌。

③经营者应将主要维修项目收费价格、维修工时定额、工时单价报所在地道路运输管理机构备案。发生变动时,应在变动实施前重新报备。

④经营者应在业务接待室的醒目位置向客户公示企业相关各类信息。

⑤汽车整车维修企业应建立维修服务信息化管理系统,对客户信息、维修流程、配件采购与使用、费用结算等进行管理。

⑥经营者对原厂配件、副厂配件和修复配件应明码标价,并提供常用配件的产地、生产厂家、质量保证期、联系电话等相关信息资料,供客户查询。有条件的经营者可配备计算机、触摸屏等自助电子信息查询设备。

3.机动车维修服务的流程

(1)建立服务流程

机动车维修服务流程如图1-2-1所示。

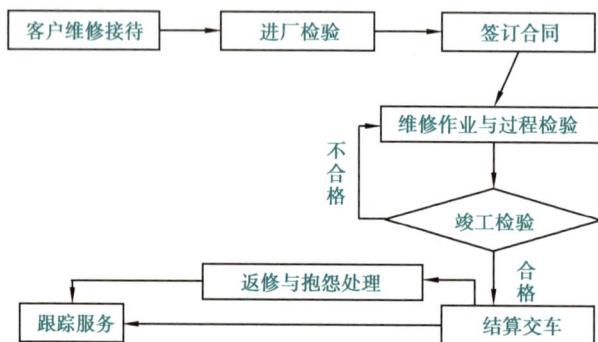

图1-2-1 机动车维修服务流程

(2)客户维修接待

客户维修接待主要包括进厂维修接待、预约维修接待和紧急维修救援接待。

服务顾问应遵守礼仪规范,主动热情、真诚友好、仪表端庄、语言文明、自报工号,认真听取客户关于车况和维修要求的陈述,并做好记录;服务顾问应能及时为客户提供咨询服务。

(3)进厂检验

①质量检验员应根据车辆技术档案和客户陈述进行技术诊断。

②应在专用的工位或区域,按照相关技术标准或规范对车辆进行进厂检验,并做好进厂检验记录。

③需要解体检查或者路试的,应征得客户同意。

④进厂检验后,应告知客户车辆技术状况、拟订的维修方案、建议维修项目和需要更换的配件。

(4)签订合同

①服务顾问应根据车辆进厂检验结果和客户需求,本着自愿、合法、适用的原则,与客户协商签订汽车维修合同。

②维修合同应包含以下主要内容:经营者、客户的名称;签约日期;车辆基本信息;维修

项目;收费标准、预计维修费用及费用超出的解决方式;交车日期、地点、方式;质量保证期。

③经营者对机动车进行二级维护、总成修理、整车修理的,宜使用当地主管部门推荐的汽车维修合同示范文本。

④维修过程应严格按照合同约定进行。确需增加维修项目的,经营者应及时与客户沟通,征得同意后,按规定签订补充合同。

⑤经营者应将维修合同存入机动车维修档案。

(5)维修作业与过程检验

①经营者根据维修合同确认的维修项目,开具维修施工单。维修施工单应详细注明维修项目、作业部位、完成时间和注意事项。

②视情况对待修车辆进行车身清洁。

③维修过程中,应采用合理措施保护车身内外表面等部位。

④维修人员应执行相关的技术标准,使用技术状况良好的设备,按照维修施工单进行操作。不应擅自扩大作业范围,不应以次充好换用配件。作业后,应进行自检,并签字确认。

(6)竣工检验

①质量检验员应核查维修项目完成情况,按 GB/T 3798.1—2005、GB/T 3798.2—2005、GB/T 3799.1—2005、GB/T 3799.2—2005 和 GB/T 18344 等标准进行竣工检验,并填写维修竣工检验记录。对竣工检验中发现的不合格项目,应填写返工单,由维修人员返工作业。

②经营者应执行"机动车维修竣工出厂合格证"制度。

(7)结算交车

①检验合格的车辆,服务顾问应查看外观,清点随车物品,做好交车准备,通知客户验收接车,并将维修作业项目、配件材料使用、维修竣工检验情况,以及出厂注意事项、质量保证期等内容以书面记录形式告知客户。

②服务顾问应配合客户验收车辆,填写验收交接单,并引导客户办理结算手续。

(8)返修与抱怨处理

①经营者应严格执行车辆返修制度,建立车辆返修记录,对返修项目进行技术分析。

②在质量保证期内,因维修质量原因造成车辆无法正常使用,且经营者在 3 d 内不能或无法提供因非维修原因而造成车辆无法使用的相关证据的,经营者应当优先安排,无偿返修,不应故意拖延或无理拒绝。

③在质量保证期内,车辆因同一故障或者维修项目经两次修理仍不能正常使用的,经营者应当负责联系其他机动车维修经营者修理,并承担相应修理费用。

④经营者应严格执行客户抱怨处理制度,明确受理范围、受理部门或人员、处理部门或人员及其职责、受理时限、处理时限等。

⑤经营者应留存抱怨办理的记录,定期进行分析、总结。

(9)跟踪服务

①车辆维修竣工出厂后,经营者可通过客户意见卡、电话、短信或登门等方式回访客户,征询客户对车辆维修服务的意见,并做好记录。对客户的批评意见,应及时沟通并妥善

处理。

②跟踪服务应覆盖所有客户。回访人员应统计分析客户意见,并及时反馈给相关部门处理。对返修和客户抱怨处理后的结果应继续跟踪。

4.机动车维修服务质量管理

（1）人员管理

①企业负责人、技术负责人及质量检验员、服务顾问、价格结算员,以及从事机修、电器、钣金、涂漆、车辆技术评估（含检测）作业的技术人员条件应符合 GB/T 21338—2008 的规定。机动车维修技术人员配备应满足有关要求。

②维修从业人员应按照作业规范进行维修作业。

③经营者应根据维修服务活动和从业人员能力,制订和实施培训计划,做好培训记录。

（2）设施设备管理

①环境清洁,各类指示标志清楚,重要区域和特种设备设立警示标志。

②维修作业区应合理布局,划分工位,有充足的自然采光或人工照明。

③维修、检测设备的规格和数量应与维修车型、维修规模和维修工艺相适应。

④经营者应依据设备使用书,制订设备操作工艺规程。

⑤经营者应制订设备维护计划,并认真实施。特种设备应重点维护。

⑥检测设备、量具应按规定进行检定、校准。

⑦经营者应建立设备档案,做好设备购置、验收、使用、维修、检定和报废处理记录。

（3）配件管理

①经营者应向具有合法资质的配件经销商采购配件。

②经营者应建立采购配件登记制度,组织采购配件验收,查验产品合格证等相关证明,登记配件名称、规格型号、购买日期及供应商信息。

③经营者应建立配件质量保证和追溯体系。原厂配件和副厂配件按制造厂规定执行质量保证。经营者与客户协商约定的原厂配件和副厂配件的质量保证期不得低于上述规定。修复配件的质量保证期,按照经营者与客户的约定执行。

④经营者应制定配件检验分类制度,保留配件的更换、使用、报废处理的记录。

⑤客户自带配件,经营者应与客户做好约定,使用前查验配件合格证明,提出使用意见,由客户确认签字,并妥善保管配件合格证明和签字记录,保存期限不得低于该配件质量保证期和维修质量保证期。

（4）安全管理

①经营者应建立安全生产组织机构和安全生产责任制度,明确各岗位人员安全职责。

②经营者应制订安全生产应急预案,内容包括应急机构组成、责任人及分工、应急预案启动程序、应急救援工作程序等。

③经营者应开展安全生产教育与督促检查,为员工提供国家规定的劳动安全卫生条件和必要的劳动防护用品。

④经营者应确保生产设施、设备安全防护装置完好,按照规定配置消防设施和器材,设

置消防、安全标志。有毒、易燃、易爆物品,腐蚀剂,压力容器的使用与存放应符合国家有关规定的要求。

⑤机动车维修作业场所相应位置应张贴维修岗位与设备安全操作规程及安全注意事项。

(5)环保管理

①经营者应对维修产生的废弃物进行分类收集,及时对有害物质进行隔离、控制,委托有合法资质的机构定期回收,并留存废弃物处置记录。

②维修作业环境应按环境保护标准的有关规定配置用于处理废气、废水的通风、吸尘、消声、净化等设施。

(6)现场管理

经营者应制订现场管理规范,作业场所实行定置管理,工具、物料摆放整齐、标志清楚,做到工作台、配件、工具清洁,工具、配件、废料油污不落地,废油、废液、固体废弃物分类存放。

(7)资料档案管理

①经营者应了解并收集与维修服务相关的技术文件,具备有效的车辆维修标准和承修车型的技术资料。必要时,应制订车辆维修所需的各种工艺、检验指导文件。

②经营者应建立机动车维修档案,并妥善保存。

③车辆二级维护、总成修理、整车修理档案应包括:维修项目、维修合同、具体维修人员及质量检验员、进厂检验记录、过程检验记录、竣工检验记录、出厂合格证副本、结算清单等。保存期限不应少于两年。

5.机动车维修服务质量控制

①经营者应按规定建立维修服务质量管理体系,制订服务质量方针,加以实施并持续改进。

②经营者应开展客户满意度调查,收集、整理客户反馈信息。

③应定期对维修服务实际成果进行检查,并记录检查结果。对检查中发现的问题,应采取有效的整改措施。

通过对机动车维修服务规范的基本介绍,可以了解行业主管部门对汽车行业的管理要求。应该说明的是,该标准只是基本的要求,随着竞争的加剧,企业应该更加重视自身服务能力的提升,只有这样,客户才会选择本企业的服务。

七、快修服务

1.快修服务的含义

为了提高维修效率,缩短整体维修时间,提升服务质量,把整体维修时间(含接待、车间修理、完工检查、费用结算、交车5个步骤)能够在1 h内完成的作业项目界定为快修服务。

2.快修服务产生的背景

绝大部分用户是通过维修业务形成对维修企业的评价态度。经过调查发现,一家4S店一个月77%的业务都是小修,加上8.3%的常规维修项目,共占了85.3%的业务量。因此,小修和常规维修项目对4S店而言尤为重要。在快节奏的工作、生活中,用户非常期望能够最大限度地节省汽车维护的等待时间,同时又确保维护的质量。

基于此,目前大多数汽车品牌商都推出了自己的快修服务业务。

3.快修服务的目的和意义

企业推行快修服务的目的是更好地规范操作,促进质量的提升;优化维修流程,促进效率的提高;合理利用资源,促进效益的增加。所有这些内容都将给企业带来客户的满意度、忠诚度,盈利能力的全面提升。

4.快修服务的运作

快修服务的运作不同于一般的维修,一般配备专门的快修工位、专门的技师和专门的服务接待人员,而且采用双人作业法,大大提高了工作的效率,缩短了客户等待的时间。

5.快修服务的服务理念

①快修服务突出了对客户的关爱和工作的精细化、效率化。

②快修服务突出了专业、快捷、超值的服务理念。

③快修服务突出了从客户满意到客户忠诚的服务理念。

④快修服务突出了快修整体产品的服务理念,能更好地整合资源。

八、事故车辆的维修接待

1.事故车辆的出险与服务顾问的沟通

当事故车主出险后与4S店联系时,服务顾问要做好客户的安抚与引导,告知单方事故时报保险公司,双方事故时先报交警再报保险公司。客户如需拖车服务,服务顾问要确定客户事故车辆所在的位置及现场人员的联系方式,同时及时安排拖车。

事故车进厂后首先做车辆外检,填写车辆外观检查报告,对车辆信息、外观、受损部位、行驶里程、油表指示等进行登记。经客户同意后,服务顾问陪同客户对车内及后备厢内物品确认,提醒客户带走贵重物品,让客户在外观检测报告上签字确认。

2.保险公司现场查勘与定损

客户车辆出险报保险公司后,保险公司会安排查勘人员去现场查勘。如事故损失部分较小、损失部分较清晰,可当场定损;如损失较严重,则要到4S店进行拆检定损。服务顾问要在事故车到达店时做好接待工作,安排好相应工位,协助客户和保险公司做好拆检定损工作。

3.拆检项目4S店报价

对于确定换或修的项目,服务顾问应根据配件价格和工时费用向保险公司进行报价,再由保险公司根据报价情况进行核价并确定维修方案。服务顾问要在确保维修后不影响车辆性能的情况下向客户和保险公司做出解释,此时的服务顾问应作为第三方对车辆的换修操作对车辆性能的影响做出合理的解释。

4.确定维修项目和相关费用后修车

服务顾问在确定维修内容后,应及时将换修的零部件进行登记(纸质单证和系统),进行维修相关操作。

5.事故车辆的理赔

车辆维修后,服务顾问应根据4S店与保险公司有无合作关系引导客户进行理赔。保险公司和4S店无合作关系,车辆维修后由客户先行垫付维修相关费用,4S店开具维修发票后客户可到保险公司进行索赔;保险公司和4S店有合作关系,可根据相关协议规定,由4S店代为理赔相关维修费用。

6.事故车辆保险理赔的相关流程

出现交通事故后,车主首先要向交通管理部门及时报案,此外还要及时向保险公司报案。

报案的作用:一方面,让保险公司知道投保人出了交通事故;另一方面,也可以向保险公司咨询如何保护、处理现场,保险公司会教车主如何向对方索要事故证明等。

事故车辆保险理赔的相关流程(车主在理赔时的基本流程):

①出示保险单证。

②出示行驶证。

③出示驾驶证。

④出示被保险人身份证。

⑤出示保险单。

⑥填写出险报案表。

⑦详细填写出险经过。

⑧详细填写报案人、驾驶人和联系电话。

⑨检查车辆外观,拍照定损。

⑩理赔员带领车主进行车辆外观检查。

⑪理赔员根据车主填写的报案内容拍照核损。

⑫理赔员提醒车主车辆上有无贵重物品。

⑬交付维修站修理。

⑭理赔员开具维修任务委托单。

⑮车主签字认可。

⑯车主将车辆交于维修站维修。

九、汽车维修合同

1.维修合同的概念与作用

合同是一种契约。维修合同是承修、托修双方当事人之间约定、变更、终止民事法律关系的契约。汽车维修合同作为一种法律文书,其目的是在于明确承修、托修双方的约定、变更、终止权利义务的一种法律关系。通过合同条款确定当事人之间的权利义务,而所发生的

法律后果,是当事人所要求的。同时,签订汽车维修合同是承修、托修双方意愿表示一致的法律行为。维修合同的作用如下:

①促进汽车维修服务企业向专业化方向发展。

②维护汽车维修服务市场秩序向健康方向发展。

③有利于汽车维修服务企业经营管理的改善。

④有利于保证托修方的权益。

2.维修合同的主要内容

按照交通部和国家市场监督管理总局发布的《汽车维修合同实施细则》的规定,汽车维修合同主要有以下内容:

①承修、托修双方的名称。

②合同编号。

③签订日期及地点。

④送修车辆的车种、车型、牌照号、发动机型号(编号)、底盘号。

⑤维修类别及项目。

⑥质量保证期。

⑦预计维修费用。

⑧送修日期、地点、方式。

⑨交车日期、地点、方式。

⑩承修方所提供材料的规格、数量、质量及费用结算原则。

⑪结算方式及期限。

⑫验收规范和方式。

⑬违约责任和金额。

⑭解决合同纠纷的方式。

⑮双方商定的其他条款。

3.维修合同的签订

(1)签订原则

签订合同的原则是平等互利、协商一致、等价有偿。汽车维修合同必须按照上述原则依法签订,并在承修、托修双方签章后正式生效。

①托修方、承修方法律地位平等,一方不得将自己的意志强加给另一方。

②托修方、承修方依法均享有自愿订立合同的权利,任何单位和个人不得非法干预。

③托修方、承修方应当遵循公平原则确定各方的权利和义务。

④托修方、承修方行使权利、履行义务时应当遵循诚实信用的原则。

⑤托修方、承修方订立与履行合同时,应当遵守法律、行政法规,尊重社会公德,不得扰乱社会经济秩序,损害社会公共利益。

⑥依法签订的合同,对托修方、承修方具有法律约束力,双方应当按照约定履行自己的义务,不得擅自变更或者解除合同。

（2）签订范围

属于如下汽车维修作业范围的，承修、托修双方必须签订维修合同。

①汽车大修。

②汽车主要总成大修。

③汽车进行二级维护。

④汽车维修的预算费用在10 000元以上的作业项目。

（3）签订形式

汽车维修合同的签订方式分两种：第一种是长期合同，就是最长在一年之内使用的合同；第二种是即时合同，就是一次使用的合同。承修、托修双方根据需要，也可以签订单车或成批车辆的维修合同，还可签订一定期限的包修合同。如果是代签合同，必须要有委托单位证明，根据授权范围，以委托单位的名义签订，对委托单位直接产生权利和义务。

十、汽车"三包"

汽车"三包"索赔是特约服务站对质量担保期内损坏的车辆执行免费维修、更换配件等排除故障和维持汽车性能的项目，并由汽车生产厂家服务部结算特约服务站维修费用的服务方式。索赔即制造商对产品的质量担保。

1.汽车"三包"的概念与原则

（1）汽车"三包"的概念

"三包"指包修、包换和包退。包修是指自购车之日起（以购车发票时间为准），在一定的质量保修期内，因质量问题引起的故障，采取以换件或修复的方式恢复车辆性能。包换是指自购车之日起（以购车发票时间为准），在一定的质量保修期内，因严重的质量问题（如制动失效、转向失效、车体开焊、发动机抱死等），经修理仍达不到车辆主要技术性能指标的，客户可以换车。包退是指自购车之日起（以购车发票时间为准），在一定的质量保修期内，因严重的质量问题（如制动失效、转向失效、车体开焊、发动机抱死等），客户可以退车。

（2）汽车"三包"的原则

汽车产品实行谁销售谁负责的"三包"原则。对于在"三包"有效期内出现的产品质量问题，制造商委托修理商负责处理，即常说的特约服务站承担"三包"责任。

2.汽车"三包"的质量保证期

（1）零件质量担保期

零件质量担保期指在特约服务站更换的零部件的质量担保期。一般汽车生产厂家采用与新车零部件相同的质量担保期。

（2）整车质量担保期。

整车质量担保期一般有3种计算方法：第一种，按时间计算。即自购车之日起（以购车发票时间为准），按车辆所使用的时间计算，如一汽大众宝来轿车整车质量担保期为一年。第二种，按里程计算。即自购车之日起（以购车发票时间为准），按车辆所行驶的里程计算。目前采用此种方式的车辆较少。第三种，按时间或里程计算。即自购车之日起（以购车发票时间为准），按车辆所使用的时间或行驶的里程计算，以二者中先到达者为准。如一汽大众捷达轿车整车质量担保期为 24 个月或 60 000 km，出租车为 12 个月或 100 000 km。

（3）特殊零件质量担保期

对汽车上一些特殊的零部件，如减振器、氧传感器和轮胎等，它们的使用寿命相对较短，汽车制造商另行制订了质量担保期，担保期比整车质量担保期短。

3.不属于质量担保范围

在这里，以一汽大众汽车有限公司大众品牌轿车哪些原因造成的损坏不属于质量担保范围为例进行介绍。

①车辆在非一汽大众 4S 店或特约经销商站维修过。

②车辆使用中未遵守使用规定（《使用说明书》《保养手册》《7 500 km 免费保养凭证》）或超负荷使用。

③车辆装有未经一汽大众许可使用的零部件，或车辆未经一汽大众许可改装过。

④交通事故造成的损坏。

⑤使用不当或滥用车辆造成的损坏。

十一、政府对汽车后市场的要求

1.行业政策对售后服务的影响

2014 年 9 月 3 日，交通运输部会同国家发展改革委等九部门联合印发了《关于促进汽车维修业转型升级 提升服务质量的指导意见》（以下简称《指导意见》）。《指导意见》以科学发展为主题，以转变行业发展方式、提升行业服务能力和治理体系为主线，着力推进汽车维修业健康、可持续发展，不断提升服务经济社会发展的能力和水平。

《指导意见》的出台，促使维修市场开放度更高、包容性更强、竞争更加充分，对我国维修业乃至汽车后市场的发展产生了深远影响，对车主维修汽车消费无疑是个利好消息，对行业可持续、健康发展必将发挥重要作用。

《指导意见》为机动车维修业深化改革，实现维修业转型升级提供了难得的政策环境。十八大以来，党中央、国务院连续部署加快政府职能转变，加大简政放权，加强市场监管，努力创造公平公正市场环境的政策措施，增强了经济发展内生动力。随着经济体制改革的深入推进，财税、价格、劳动和社会保障、信用体系建设等一系列重大改革措施的陆续出台，为机动车维修业的发展提供了良好的政策环境和难得的历史机遇，也必将塑造一个全新的现代汽车维修市场体系。特别是 2014 年以来，汽车市场改革明显提速，发改委、市场监督管理总局等部门针对汽车销售、售后密集出台政策，其力度之大、范围之广、触及之深，为近年来所少有，引起了社会及国内外汽车厂商的高度关注。

2.对消费者可以采取便民服务——预约式修车服务

《指导意见》第十一条要求各维修企业站在消费者的角度，不断增强自身的服务意识，优化服务流程，提升服务能力。《指导意见》鼓励企业通过电话、互联网等手段，广泛开展预约式修车服务，提升修车时效；通过提供代步汽车、上门接送车等延伸服务，为消费者提供便利服务。

3.对出行有保障——汽车维修救援体系

《指导意见》第十二条中明确指出,各地交通运输主管部门和道路运输管理机构要按照"统一平台、统一调度、统一服务、快速响应"的原则,逐步建立覆盖全国的汽车维修救援体系。该体系包括了全国各大省、市的救援网点,主要成员是各地符合条件的救援企业,分布将会比较合理,保证救援服务能够快速、高效。该体系借鉴医疗救助"120"便民服务电话相关模式,在全国交通运输服务监督电话"12328"中设置了汽车救援服务功能,车主如果遇到突发状况,可以拨打此电话进行求援。

4.对维护消费权益——第三方仲裁机构

《指导意见》第十三条中规定了各地要按照"渠道畅通、处理及时、技术权威、裁决公正"的原则,建立健全汽车维修质量纠纷调解、投诉处理的工作平台和机制。这个机构类似于我们日常生活中的仲裁机构,我们在汽车维修中如果遇到了质量问题以及一些纠纷,可以通过电话、网站、接待服务场所等渠道向该机构投诉,维护消费者的权益。在收到投诉后,这种仲裁机构必须及时处理,反馈处理结果,让消费者的合法权益得到保障。

5.对汽车维修行业——维修配件渠道垄断将被破除

《指导意见》第十四条鼓励汽车维修配件自由流通,鼓励原厂配件生产企业向汽车售后市场提供原厂配件和具有自有品牌、商标或标志的独立售后配件,也就是鼓励原厂配件企业将自己的配件卖向独立售后市场。

鼓励授权维修企业向非授权维修企业转售、提供原厂配件;要贯彻落实国家法律法规,保障所有维修企业享有使用同质配件维修汽车的权利,其实质就是鼓励发展"同质配件",也就是与原厂配件质量相当的配件。

6.通过规模化、品牌化发展实现连锁经营

《指导意见》第四条鼓励骨干、龙头企业通过资本纽带、市场运作等手段,积极开展重组、并购、扩张,不断创新服务模式,延伸企业价值链,实现企业的规模化、集团化发展;鼓励大型企业建立配件集中采购平台、钣喷中心等专业化支持体系,提升企业运作效率和效益;鼓励中小企业组建企业联盟,在维修装备、技术信息共享和配件联合采购等方面形成优势互补,壮大发展实力。

《指导意见》第六条支持推进企业和行业品牌建设。国内要建立健全行业品牌培育、发展、激励、保护的政策和机制,为品牌的成长营造一个良好的环境。扶持、培育一批维修服务质量高、质量信誉优(AAA)的企业,将其发展为地方品牌,并逐步向区域、全国扩展。

《指导意见》第三条认为汽车维修、配件供应等优势企业应在大型社区、公共停车场、客货运输站场周边布设连锁网点。对于开办连锁维修网点的,国家也有优惠政策,在经营场所所在的地级市主城区或者县、市行政区范围内,它们可以共享技术负责人和《汽车维修业开业技术条件》(GB/T 16739—2014)规定的大型维修设施、设备。

7.促进汽车维修行业的标准化建设

《指导意见》第十条要求各地交通运输主管部门和道路运输管理机构要按照《汽车维修

业开业条件》(GB/T 16739—2014)标准要求严把市场准入关,确保企业维修能力达标。维修企业要遵照《汽车维护、检测、诊断技术规范》(GB/T 18344—2016)等标准及汽车维修技术文件开展汽车维修服务,确保维修质量合格。要遵照《机动车维修服务规范》(JT/T 816—2011)开展规范化的维修服务,提升维修服务质量和水平。

8.企业管理效率与水平或将提高

《指导意见》第十七条中指出要坚持监管与服务并举、发挥政府和市场两个积极作用的原则,充分运用互联网、大数据、云计算等技术手段,创新机制和模式,积极推进行业信息化建设。围绕加强行业服务能力,建立覆盖全国的汽车"电子病历"系统;围绕加强行业监管能力,鼓励各地道路运输管理机构建立汽车维修服务质量评价网络平台。最终,通过维修企业建立健全维修服务管理信息系统的方式,提升企业的管理效率和水平。

[任务实施]

活动 定期维护之前的解释

一、活动前的准备工作

活动前的准备工作如表 1-2-1 所示,将学生分成 4 组进行。

表 1-2-1 活动前的准备工作

序 号	名 称	数 量	单 位	备 注
1	汽车	4	辆	根据本校实际情况选择车型
2	维修接待台及椅	4/8	个/把	
3	洽谈桌及椅	4/8	个/把	
4	收银台及椅	4/8	个/把	
5	饮水机	4	台	
6	饮料、纸杯	若干	瓶/包	
7	接车板夹	8	个	
8	笔	8	支	
9	计算机	4	台	
10	打印机	4	台	
11	白手套	2	副	
12	三件套	若干	套	
13	维修保养手册	4	本	
14	计时器	4	个	

二、活动描述

（一）主题

一客户将来店对车辆进行 40 000 km 定期维护，服务顾问进行解释工作。

（二）角色扮演的学习目标

在完成该角色扮演之后，服务顾问能够按服务规范做好对客户的解释工作。

（三）角色扮演的目的

服务顾问能按服务规范向客户解释本企业要完成的工作、费用以及交车时间。

（四）情景

服务顾问向客户解释本企业要完成的工作、费用以及交车时间。

（五）车辆信息

车辆型号：×××。

里程：40 999 km。

购买日期：2014 年 8 月 28 日。

（六）客户要求和期望

①客户想要在总费用低于 500 元的情况下完成维修。

②客户想要在当天 18:30 前取回汽车。

③客户想用经销商会员卡支付，这样客户可享受维修/保养工时 8 折优惠。

④客户没有其他担心的问题。

⑤客户想确保在国庆黄金周期间进行长途自驾游时，能安全行车。

（七）客户角色的要求

在角色扮演过程中，除非服务顾问特别要求，否则不要提供下列信息。

①想要在总费用低于 500 元的情况下完成维修。

②想要在当天 18:30 前取回汽车。

③想用经销商会员卡支付，这样可享受维修/保养工时 8 折优惠。

④没有其他担心的问题。

⑤想确保在国庆黄金周期间进行长途自驾游时，能安全行车。

（八）观察员角色的要求

在扮演过程中，观察员要清楚客户的要求，重点观察服务顾问是否注意到了下面的内容和细节。

①客户想要在总费用低于 500 元的情况下完成维修。

②客户想要在当天 18:30 前取回汽车。

③客户想用经销商会员卡支付，这样客户可享受维修/保养工时 8 折优惠。

④客户没有其他担心的问题。

⑤客户想确保在国庆黄金周期间进行长途自驾游时，能安全行车。

（九）模拟实施

根据以上描述和要求模拟该活动的角色扮演。

［任务评价］

1.理论知识评价

请完成理论知识评价，如表1-2-2所示。

表1-2-2　理论知识评价

问　题	正　确	错　误
①服务顾问（业务接待）的表现会明显影响本企业的盈利能力		
②由于汽车业务主要依靠新车销售，因此服务顾问（业务接待）不用担心服务销售		
③如果客户持有"维修合同"，他就只能选择去自己所在的维修站。因此，这些客户的满意度没有一般客户的满意度重要		
④应确保客户服务的一致性。因此，服务顾问不应根据客户的个人期望采取灵活的服务方式		
⑤服务顾问（业务接待）是客户与经销商之间最高效的"沟通渠道"		
⑥通过服务保持客户满意度对新车销售没有任何影响		
⑦服务顾问（业务接待）的表现会严重影响客户满意度分数		
⑧服务顾问有责任向维修站的员工解释客户关心的问题		
⑨汽车维修行业要遵照《机动车维修服务规范》（JT/ T816—2011）开展规范化的维修服务，提升维修服务质量和水平		

2.活动表现评价

请完成活动表现评价，如表1-2-3所示。

表1-2-3　活动表现评价

评价项目	完　成		没有完成
	良　好	有待提高	
①语气、语调和吐词清晰度			
②体现顾问式服务理念，分析客户感性的动机更为重要			
③帮助客户很快地进入心理舒适区			
④不打断客户谈话			

续表

评价项目	完　成		没有完成
	良　好	有待提高	
⑤记录			
⑥向客户解释验证结果			
⑦向客户解释自己发现的车辆问题			
⑧解释预估维修费用、工时费和零件费			
⑨确定可能的交车日期和时间			
⑩告诉客户,如果发现附加维修项目或出现任何变化,经销商将联系客户			
⑪询问客户是否还有其他问题			
⑫请客户签署派工单			
其他表现:			

任务三　汽车维修接待人员的礼仪认知

[任务目标]

- 能叙述礼仪服务的含义。
- 能叙述职业人员个人礼仪的主要内容。
- 能叙述汽车维修服务接待礼仪的主要内容。
- 能叙述接听电话的基本礼仪。
- 能叙述拨打电话的基本礼仪。
- 能够规范完成车辆维护类接待任务。

[任务引入]

某汽车特约维修服务企业服务顾问接到了一个客户打来的电话,客户抱怨说:"昨天到你们服务站进行汽车保养时,我丢了一个精致的车模。"汽车特约维修服务企业目前的解决方式只能是寻找,并向当时负责接待的服务顾问了解情况,没有其他办法。如果你是该企业的服务顾问,你在接听电话时应如何注意电话礼仪?

[任务准备]

一、服务礼仪的含义

随着汽车市场以及汽车产品市场目标的进一步细化,价格在汽车营销服务中的作用已经进一步弱化,专业化的汽车营销与服务逐渐成为汽车产品中消费者关注的焦点。

汽车维修行业本身是一个服务性行业。在服务接待中,只有把技术与礼仪服务结合起来,才能取得让客户满意的效果。

1.礼仪的含义

礼仪是在人际交往中,以一定的、约定俗成的程序与方式来表现的律己、敬人的过程,涉及穿着、交往、沟通、情商等内容。礼表示尊重,仪是一种形式。

2.服务礼仪的含义

服务礼仪就是服务人员在工作岗位上,通过言谈、举止、行为等,对客户表示尊重和友好的行为规范和惯例。简单地说,就是服务人员在工作场合适用的礼仪规范和工作艺术。

二、职业人员的个人礼仪

不管是否刻意地塑造或者有意识地设计,每个人都有自己的形象。形象,并不是一个简单的穿衣、外表、发型、化妆等外在因素的组合概念,而是一个综合性的全面素质,一个外表与内在结合的、在流动中留下的印象。

汽车维修服务接待工作是直接面对客户的窗口性行业,窗口服务的第一印象是一个两分钟的世界,只有一分钟展示给客户自己是谁,另一分钟则让客户信任自己。只有留给客户好的第一印象,才能开始第二步服务接待工作。良好的个人仪表给人留下的第一印象至关重要,也是建立客户信任感的第一步。

1.仪容仪表

仪容一般是指人的外观、外貌,重点是指人的容貌。在人际交往过程中,个人的仪容往往会引起交往对象的较多关注,并将影响到他人对自己的整体评价。

仪表是人的外表,它包括人的形体、容貌、健康状况、姿态、举止、服饰和风度等方面,是人举止风度的外在表现。

良好的个人仪容仪表礼仪可以塑造职业形象。个人仪容仪表会引发人们产生形象中的第一印象。日常生活中,发型、着装和面部修饰等在表现个性上的确非常重要,可是,在工作场合就有必要对"周围和对方"给予关注。因此,工作人员要尽量塑造所属职业的专业形象。

在个人仪表中,对汽车经销店汽车服务顾问日常个人着装、仪容仪表作出了明确的规范。汽车服务顾问的个人仪表礼仪范围如图 1-3-1 所示。

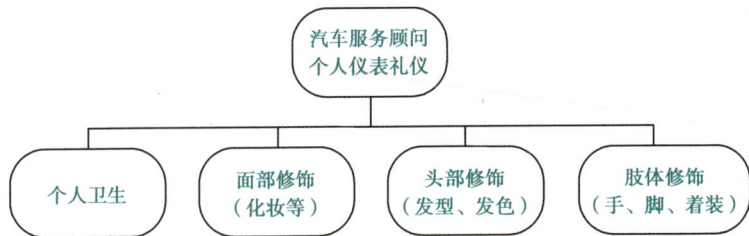

图 1-3-1　个人仪表礼仪范围

(1)男性员工个人礼仪要点

男性员工个人礼仪主要包括头部、面部、手部、着装等方面,具体如下:干净有型的头发(头发梳理整齐、不留长发、注意恢复睡觉后压坏的头型);干净自然的面部(剃干净胡须、鼻毛不外现);干净整洁的手部(指甲保持洁净、不蓄长甲、基本不佩戴饰物);职业规范的着装(小套装、制服干净、得体、无污点,穿着标准工作装,服装一定要熨平、裤线保持笔挺);干净的鞋(注意鞋子上不要有污物、鞋后跟不要有磨损)。

男士西装礼仪要求:在西装穿着时注意整体装扮,讲究搭配合理、色调和谐,强调整体美。

①遵循三色原则:全身颜色限制在 3 种之内。

②遵守三一定律:鞋子、腰带、公文包颜色要统一协调(黑色优先)。使用腰带要注意,腰带上不挂任何物件。

③慎穿羊毛衫。

男性员工在使用领带的过程中还应注意:打领带不能过长或过短,以站立时其下端触及皮带扣上沿为宜;穿着针织的套头高领衫、翻领衫和短袖衬衫时均不宜打领带;在喜庆场合,领带颜色可鲜艳一些,在肃穆场合,一般系黑色或其他素色领带;在日常生活中,只穿长袖衬衣也可系领带;选配领带,应避免条纹领带配条纹西装、花格领带配花格西装或衬衫。

(2)女性员工个人礼仪要点

女员工的个人礼仪主要包括头部、手部、着装、饰物等,具体如下:干净、梳理有型的头发(发帘不要遮住眼睛);整洁清新的工作装束(化淡妆、小套装、制服干净、得体、无污点,总是穿着标准工作装、佩戴胸牌);不佩戴花哨的饰物;精心修整的指甲;接近肤色的长筒袜〔避免穿短袜(裙装时)、袜面无破损〕;干净的鞋(鞋跟在 5 cm 以下比较安全)。

女士套裙礼仪要求:

①短裙穿长袜,长裤穿短袜。

②尽量不穿无袖的衣服。

③不穿凉鞋、运动鞋或露趾的拖鞋。

④佩饰少而精。

2.举止礼仪

个人仪表是塑造职业形象的第一步,而得体的职业形象不能只靠外包装,它是每个人语言、表情、行为、环境、习惯等综合因素的体现。个人只有平时注重多方面知识储备和能力积累,才能使自己气质独特、卓尔不群。

当然,即使外表再得体,但如果没有专业的行为举止,也会被认为无专业意识。因此,职业人员通过行为举止塑造良好的职业形象,对提升自己的服务能力非常重要。

（1）站姿礼仪

正确健美的站姿给人以挺拔笔直、舒展俊美、精力充沛、积极进取、充满自信的感觉。

在站姿礼仪中,包含有很多种站姿,其中迎候站姿是汽车服务工作较为标准的站姿。

服务顾问应以标准迎候站姿等待客户到来,才能显得专业且规范。

标准站姿和基本规范如图 1-3-2 所示。抬头,下颌微收,双目平视前方,挺胸直腰,肩平,双臂自然下垂,收腹,肩放松,气下沉,自然呼吸,身体挺立,双手交叉,放在身前。

男士站姿:身体挺拔直立;两脚并立,与肩等宽;双手交叉,放在身前,右手搭在左手上。

女士站姿:脚跟并拢,呈"V"字形;或者两脚稍微错开,一前一后,前脚的脚后跟稍稍向后脚的脚背靠拢,或腿的膝盖向前腿靠拢;右手搭在左手上,左手心握住右手大拇指。

图 1-3-2　站姿礼仪要点

正确站姿的训练方法:身体靠墙站立,或躺于平面,或顶墙贴面,保持直线。

经常训练正确站姿,体会正确体态,从而养成良好习惯。

（2）走姿礼仪

走姿是站姿的延续动作,是在站姿的基础上展示人的动态美。无论是在接待客户还是在其他工作场合中,走路往往是最引人注目的身体语言,也最能表现一个人的风度和活力。协调稳健、轻松敏捷的走姿会表现出行走者朝气蓬勃、积极向上的精神状态。

走姿礼仪的基本规范:上身略向前倾,身体重心落在脚掌前部,两脚跟走在一条直线上,脚尖偏离中心线约10°。行走时,双肩平稳,目光平视,下颌微收,面带微笑。手臂伸直放松,手指自然弯曲,手臂自然摆动,摆动幅度以 30°～35° 为宜,如图 1-3-3 所示。

走姿的关键点:上身摆动和臂部扭动幅度不可过大,那样会显得体态不优美;避免含胸、歪脖、斜腰及挺腹等现象发生;男性脚步应稳重、大方、有力。

正确走姿的训练方法:可以试着将一本书放在头顶上,放稳后再松手。接着把双手放在身体两侧,用前脚慢慢地从基本站立姿势起步走。这样虽有点不自然,但却是一种很有效的方法。关键是走路时要摆动大腿关节部位,而不是膝关节,才能使步伐轻捷。

（3）坐姿礼仪

符合礼仪规范的坐姿能传达出自信练达、积极热情、尊重他人的信息和良好风范。

坐姿礼仪的基本规范:身体重心垂直向下,腰部挺起,上体保持正直,头部保持平稳,两眼平视,下颌微收,双掌自然地放在膝头或座椅扶手上。在坐姿礼仪上,男女是有差异的,如图 1-3-4 所示。

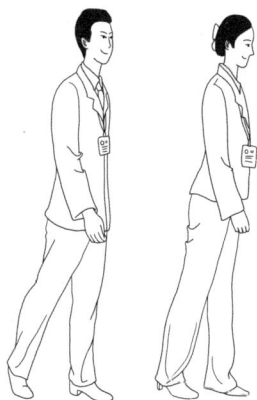

图 1-3-3　走姿的礼仪基本规范

图 1-3-4　坐姿礼仪基本规范

男士坐姿:上身挺直;两腿分开,不超肩宽;两脚平行,两手自然放在双腿上。

女士坐姿:双膝并拢,两脚同时向左或向右放,两手相叠后放在左腿或右腿上;也可以双腿并拢,两脚交叉,置于一侧。

(4)蹲姿礼仪

在接待客户的某些过程中或面对孩子时,为了表示对客户的尊敬和对孩子的关爱,工作人员应该以标准的蹲姿为客户提供服务。

蹲姿礼仪的基本规范:下蹲时,左脚在前,右脚在后向下蹲去,双腿合力支撑身体,避免滑倒或摔倒;头、胸、膝关节不在一个角度上,从而使蹲姿显得优美,如图 1-3-5 所示。

(5)手势礼仪

不同的手势传递不同的信息,手势可以反映人的修养、性格,还能体现人的内心思想活动和对待他人的态度,如热情和

图 1-3-5　蹲姿礼仪基本规范

勉强在手势上可以明显地反映出来。所以,服务人员要注意手势动作的准确性、幅度的大小、力度的强弱、速度的快慢、时间的长短等,这些都很有讲究。

手势在人际交往中有着重要作用,它可以加重语气,表达意图,增强感染力。

单独用手表示:

①张开手(四指并拢伸开,拇指同时伸开):表示邀请对方向某一方向走或朝某一方向看,如图 1-3-6 所示。

②合拢手(伸出食指指着):这种手势表示命令,而不是邀请。用这种手势来指向人是很不礼貌的,尤其是在很近的范围内用这种手势指着别人的脸,如图 1-3-7 所示。

③单独伸出大拇指:这种手势表示对对方的赞扬,一般用于对方所做的某件事情或说的某句话值得称赞时,如图 1-3-8 所示。

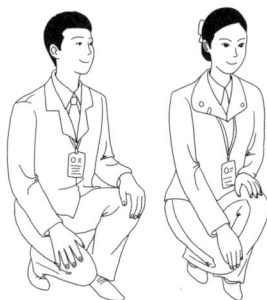

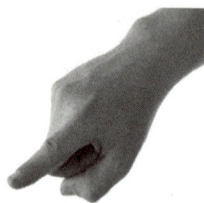

图 1-3-6　邀请手势　　　　　图 1-3-7　命令手势　　　　　图 1-3-8　赞扬手势

手和其他物品表示的手势:

①不停地转动手中的笔,表示很不自在或正陷入沉思。

②不断地摆弄手机,表示心不在焉。

③用手指叩击桌子,表示不耐烦或失望。

④抖动衣袋里的硬币或钥匙,意味着:"我很着急,我要离开!"

⑤把笔帽套在钢笔上并装入衣袋,表示准备结束这次谈话。

手势礼仪要点主要包括 3 项:大小适度、自然亲切、避免不良手势。

①大小适度:在工作场合,应注意手势的大小幅度。手势的上界一般不应超过对方的视线,下界不低于自己的胸区;左右摆的范围不要太宽,应在人的胸前或右方进行,如图 1-3-9 所示。

图 1-3-9　手势礼仪基本规范

②自然亲切:与人交往时,多用柔和曲线的手势,少用生硬的直线条手势,以求拉近心理距离。

③避免不良手势:避免交谈时指手画脚,手势动作过多、过大;引导客户、指人或者指物时,切忌使用单指。

手势语是肢体语言中重要的组成部分,是重要的无声语言,它过去是,现在是,将来仍然是人们交往中不可或缺的工具。

行为举止是无声的语言,是一种特殊的语言,它显示着人们的气质、风度与涵养,还可以和有声语言配合,起到沟通人们心灵的作用。

汽车服务顾问的一举一动、一颦一笑都显示出其专业性,更影响着其在客户心目中的形象与信任感。

三、汽车维修服务接待礼仪

服务顾问承担着在前台接待客户的重要工作,其和客户接触的每一个瞬间、每一个细节都会影响客户对服务人员的态度,进一步产生对服务顾问的信任。此部分的课程内容对提高客户的服务满意度非常重要。

从客户进场到客户离开,整个过程包含众多礼仪关键点,如注目礼仪、微笑礼仪、鞠躬礼仪、问候礼仪、称呼礼仪、介绍礼仪、握手礼仪、名片礼仪、引导礼仪、座次礼仪和递送茶水、资料的礼仪等。

1.注目礼仪

在车辆维修接待环节,在与客户会面的一些情况下,服务顾问应起立,放下手中正进行的工作,与客户眼光接触,微笑点头示意,行注目礼。

①客户进场:当客户刚进入接待大厅时,在大厅工作的员工应对其行注目礼,同时用响亮的声音热情问候:"您好,欢迎光临。"

②客户离开:当客户离开时,服务顾问应向远去的客户微笑挥手(向客户致谢),行注目礼,直至客户或其车辆消失在视野中。

眼神一向被认为是人类最明确的情感表现和交际信号,在面部表情中占据主导地位。在人的体态语言中,眼睛最能倾诉感情、沟通心灵。眼睛是大脑的延伸,大脑的思想动向、内心想法等都可以从眼睛中看出来,所以注视客户的眼神也要讲究礼仪。

注目礼仪关键点:不能对关系不熟或一般的人长时间地凝视,否则将被视为一种无礼行为。

与客户谈话时的眼神礼仪:眼睛看对方的眼睛或嘴巴的"三角区",标准注视时间是交谈时间的 30%~60%,这称为"社交注视";眼睛注视对方的时间超过整个交谈时间的 60%,属于超时注视,一般使用这样的眼神看人是失礼的;眼睛注视对方的时间低于整个交谈时间的 30%,属低时注视,一般来说也是失礼的,表明注视者有自卑感或企图掩饰什么,也可能对人对话都不感兴趣;眼睛转动的幅度不可太大,不要太快或太慢。

2.微笑礼仪

微笑,是汽车服务顾问应具备的技能之一。无论是在客户进场、引导客户入座时,还是在客户离开时,汽车服务顾问都应当保持适当的微笑。

真诚的微笑是社交的通行证,它向对方表白自己没有敌意,并可进一步表示欢迎和友善。因此,微笑如春风,使人感到温暖、亲切和愉快,它能给谈话带来融洽平和的气氛。

微笑服务不仅是一种表情,更是与客户进行的感情上的沟通。当汽车服务顾问向客户微笑时,要表达的意思是:"见到您我很高兴,我愿意为您服务。"

谈话时尽量少努嘴和撇嘴,这样的动作显得不够有涵养;站立、静坐或握手时,嘴可以微闭,不要露出牙齿,如果能保持微笑状态就更完美了。

微笑服务的标准:面部表情和蔼可亲,伴随微笑自然地露出 6~8 颗牙齿,嘴角微微上翘;微笑注重"微"字,笑的幅度不宜过大;微笑时真诚、甜美、亲切、善意、充满爱心;口眼结合,嘴唇、眼神含笑,如图 1-3-10 所示。

图 1-3-10　微笑服务礼仪

3.鞠躬礼仪

鞠躬是表达敬意、尊重、感谢的常用礼节。鞠躬时应从心底发出对对方表示感谢、尊重的意念,从而体现于行动,给对方留下诚意、真实的印象。鞠躬礼可广泛用于服务接待服务过程中与客户接触的各个环节。

行礼时,以标准站姿站立(在按标准走姿行走时,应适当减缓一下速度)。鞠躬要在优雅站立的基础上实现。行鞠躬礼应先停步,两臂自然下垂,躬身 15°~30°,头跟随向下并致问候语。当与客人交错而过时,应面带笑容,可行 15°鞠躬礼,以示打招呼;迎送客户时,可行30°鞠躬礼;当感谢客户或初次见到客户时,可行 45°鞠躬礼,如图 1-3-11 所示。

鞠躬时要注意避免出现下列形式:只弯头的鞠躬,不看对方的鞠躬,头部左右晃动的鞠躬,双腿没有并齐的鞠躬,驼背式的鞠躬,可以看到后背的鞠躬。

4.问候礼仪

客人来访、遇到陌生人以及同事碰面时,应使用文明礼貌用语进行问候,第一时间亲切的问候是给客户留下好印象的第一步。

在日常工作中,建议大家使用下面的礼貌用语:请、对不起、麻烦您、劳驾、打扰了、好的、是、清楚、您、×先生或小姐、×经理或主任、贵公司、××的父亲或母亲(称他人父母)、您好、欢迎、请问、哪一位、请稍等(候)、抱歉、没关系、不客气、

图 1-3-11　鞠躬礼仪

见到您(你)很高兴、请指教、有劳您了、请多关照、拜托、非常感谢(谢谢)、再见(再会)。

5.称呼礼仪

称呼是指人们在日常交往应酬之中,所采用的彼此之间的称谓语。

在人际交往中,选择正确、适当的称呼,反映着一个人自身的教养、对对方尊敬的程度,甚至还体现着双方关系发展所达到的程度和社会风尚,因此它不能随便乱用。选择称呼要合乎常规,要照顾被称呼者的个人习惯。

在工作岗位上,人们彼此之间的称呼是有其特殊性的,要庄重、正式、规范。在汽车销售过程中,服务顾问若能够恰当地使用称谓,会拉近与客户之间的距离。

(1)职务性称呼

以交往对象的职务相称,以示身份有别、敬意有加,这是一种最常见的称呼。有3种情况:称职务,在职务前加上姓氏,在职务前加上姓名(适用于极其正式的场合)。

(2)职称性称呼

对于具有职称者,尤其是具有高级、中级职称者,在工作中直接以其职称相称。称职称时有3种情况:只称职称,在职称前加上姓氏,在职称前加上姓名(适用于十分正式的场合)。

(3)行业性称呼

在工作中,有时可按行业进行称呼。对于从事某些特定行业的人,可直接称呼对方的职业,如老师、医生、会计、律师等,也可以在职业前加上姓氏、姓名。

(4)性别性称呼

对于从事商界、服务性行业的人,一般约定俗成地按性别的不同分别称呼为"小姐""女士"或"先生","小姐"用于称呼未婚女性,"女士"用于称呼已婚女性。

(5)姓名性称呼

在工作岗位上称呼姓名,一般限于同事、熟人之间。

6.介绍礼仪

(1)自我介绍礼仪

自我介绍就是在必要的社交场合,把自己介绍给其他人,以使对方认识自己。在汽车服务接待过程中,服务顾问经常要在客户面前进行自我介绍,恰当地自我介绍,不但能增进他人对自己的了解,而且能创造出意料之外的商机。

进行自我介绍时的礼仪要点:

①注意时机。要抓住时机,在适当的场合进行自我介绍。一般在对方有空闲,而且情绪较好又有兴趣时进行,这样就不会打扰对方。例如,客户刚进店时,客户入座后,为客户上茶后,给客户递上资料时等。

②讲究态度。自我介绍的态度一定要自然、友善、亲切、随和,应镇定自信、落落大方、彬彬有礼。既不能唯唯诺诺,又不能虚张声势、轻浮夸张。应以表达自己渴望认识对方的真诚情感为主。

③注意时间。自我介绍时还要简洁,做到言简意赅,尽可能地节省时间,以半分钟左右为佳,不宜超过一分钟,而且越短越好。话说得多了,不仅显得啰唆,而且交往对象也未必记得住。作自我介绍时,还可利用名片加以辅助。

④注意内容。自我介绍的内容包括3项基本要素:本人的姓名、供职的单位以及具体部门、担任的职务和所从事的具体工作。这3项要素,在自我介绍时应一气连续报出,这样既有助于给人以完整的印象,又可以节省时间,不说废话。要真实诚恳、实事求是,不可自吹自擂、夸大其词。

⑤注意方法。进行自我介绍时,应先向对方点头致意,得到回应后再向对方介绍自己。如果有介绍人在场,自我介绍则被视为不礼貌的。应善于用眼神表达自己的友善,表达关心以及沟通的渴望。如果你想认识某人,最好预先获得一些有关他的资料或情况,如性格、特长及兴趣爱好等。这样在自我介绍后,便很容易融洽交谈。在获得对方的姓名之后,不妨口头加重语气重复一次,因为每个人最乐意听到自己的名字。

（2）介绍他人礼仪

在汽车服务接待过程中,经常需要在他人之间架起人际关系的桥梁,如将车间技师服务人员介绍给客户等。他人介绍,又称第三者介绍,是经第三者为彼此不相识的双方引荐、介绍的一种交际方式。他人介绍,通常是双向的,即对被介绍双方都各自作一番介绍。有时,也只进行单向的他人介绍,即只将被介绍者中的某一方介绍给另一方。

介绍他人的礼仪要点:

①介绍的顺序。在为他人作介绍时,谁先谁后是首先要考虑的问题。根据商务礼仪规范,在处理为他人作介绍的问题上,必须遵守"尊者优先"规则。先要确定双方地位的尊卑,然后先介绍位卑者,后介绍位尊者。这样,可使位尊者先了解位卑者的情况。

根据规则,为他人作介绍时的礼仪顺序有以下几种:介绍上级与下级认识时,介绍下级,后介绍上级;介绍长辈与晚辈认识时,先介绍晚辈,后介绍长辈;介绍年长者与年幼者认识时,先介绍年幼者,后介绍年长者;介绍女士与男士认识时,先介绍男士,后介绍女士。

②注意介绍时的细节。介绍者为被介绍者作介绍之前,要先征求被介绍者双方的意见。被介绍者在介绍者询问自己是否有意识认识某人时,一般应欣然表示接受;如果实在不愿意,应向介绍者说明缘由,取得谅解。当介绍者走上前来为被介绍者进行介绍时,被介绍者双方应起身站立,面带微笑,大大方方地目视介绍者或者对方,态度要专注;介绍者介绍完毕,被介绍者双方应依照合乎礼仪的顺序进行握手,并且彼此使用"您好""很高兴认识您""久仰大名""幸会"等语句问候对方。为他人介绍的内容,大体与自我介绍内容相仿,可以酌情在三要素的基础上增减。

7.握手礼仪

图 1-3-12 握手

握手是汽车服务接待日常工作中最常使用的礼节之一,服务顾问与新老客户会面时都需要用到握手礼仪,如图1-3-12所示。握手遵循的是"尊者优先"的原则,具体如下:

在客户面前,应由客户先伸手;在长者面前,应由长者先伸手;在上司面前,应由上司先伸手;如果对方是 VIP 客户,当其先伸了手,则应快步走近,用双手握住对方的手,以示敬意并问候对方;男女之间握手,应由女士先伸手。

当我们作为主人迎接客人时,主人应先伸手,以示欢迎。

握手时相距 1 m,上身微微前倾,手臂自然弯曲,表情自然、面带微笑,眼睛注视对方,稍事寒暄。握手时,双方的手应该在虎口处交叉相接。握手力度则根据双方交往程度确定,和新客户握手应轻握,但不可绵软无力;和老客户应握重些,表示礼貌、热情。

握手时间不宜过长,一般为 1~3 s,轻轻摇动 3 下;保持手部清洁;如戴有手套,在与客户握手的时候务必摘除手套。

几种不恰当的握手形式:

①客户主动握手时有意躲避。

②用左手与客户握手。

③戴手套握手或手不清洁时与客户握手。

④与客户握手时没有注视对方的眼睛。

⑤与客户握手时用力太猛,把对方握痛。

⑥与客户强行握手或长时间握手。

⑦与多位客户交叉握手。

⑧与一位客户握手的同时转头跟其他人说话。

⑨与客户握手时摆动幅度过大。

⑩握手时用一条胳膊搂抱客户的肩膀或拍打客户后背。

8.名片礼仪

名片是汽车服务接待工作过程中重要的社交工具之一,交换名片时也应注重礼节。我们使用的名片通常包含两个方面的内容:一是表明自己所在的单位,二是表明自己的职务、姓名及承担的责任。

总之,名片是自己(或公司)的一种表现形式,更是服务顾问与客户保持良好联系的重要工具。因此,在使用名片时要格外注意。

(1)名片的准备

名片可放在上衣口袋(但不可放在裤兜里);要保持名片或名片夹的清洁、平整;名片不要和钱包、笔记本等放在一起,原则上应该使用名片夹。

(2)接受名片

如图 1-3-13 所示,接受名片时须起身双手接收名片,面带微笑,点头表示感谢;接着花一些时间仔细阅读名片上的内容,遇到难认字,应事先询问;接收的名片不要在上面做标记或写字;接收的名片不可来回摆弄,应妥善保管;不要将对方的名片遗忘在座位上,或存放时不注意落在地上。

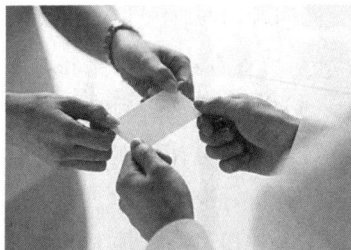

图 1-3-13　接受名片

(3)递送名片时的规范动作如下

服务顾问在递送名片时的规范动作如下:

①用双手的大拇指和食指握住名片,名片的正面要面向接受名片的人,同时还要轻微鞠躬,即头微微低下。

②递送名片的次序是由下级或访问方先递名片;如是介绍时,应由先被介绍方递名片;递送名片时,应说"请多关照""请多指教"之类的寒暄语;互换名片时,应用右手拿着自己的名片,用左手接对方的名片后,用双手托住;在会议室如遇到多数人相互交换名片时,可按对方座次排列名片。

9.引导礼仪

在公司的办公场所接待客人、洽谈业务时,有许多场合需要用引导礼仪。指引客户方向或看什么东西的时候,手臂应自然伸出,手心向上、四指并拢。出手的位置应根据与客户所处的位置而定,即使用与客户距离较远的那条手臂。

常见的引导礼仪如下:

(1)为客户在接待厅引路时

引导客户进入接待厅时,走在客户的斜前方,与客户保持一致的步调,先将店门打开,请客户进入店内。如果经销店不是自动门,则用左手向展厅外方向拉开店门,请客户先进入展厅,并鞠躬示意(或请展厅内的同事配合,向展厅内方向拉开店门)。

在走廊引路时,应走在客人左前方的2~3步处,引路人走在走廊的左侧,让客人走在路中央;与客人的步伐保持一致,引路时要关注客人,适当地做些介绍;在楼梯间引路时,让客人走在正方向(右侧),引路人走在左侧,途中要注意引导提醒客人,拐弯或有楼梯台阶的地方应使用手势,提醒客人"这边请"或"注意楼梯"等。

(2)引导客户进入车辆时

引导客户进入车辆的时候,走在客户的斜前方,与客户保持一致的步调,为客户拉开车门,请客户进入车内;开、关门时注意礼貌,站在不妨碍客户上下车的位置为客户开启车门。

如果客户坐在驾驶室,应该用左手拉门,右手挡在车门框下为客户保护头部;如果客户坐在副驾驶室,则应该用右手拉门,左手挡在车门框下为客户保护头部。

(3)引导客户通过门

向外开门时,应先敲门,打开门后把住门把手,站在门旁,对客人说"请进"并施礼;进入房间后,用右手将门轻轻关上;请客人入座后,安静退出,此时可用"请稍候"等语言。

向内开门时,敲门后,自己先进入房间;侧身,把住门把手,对客人说"请进"并施礼;轻轻关上门,请客人入座后,安静退出。

(4)引导客户搭乘电梯时

客户乘坐电梯时往往需要服务顾问的引导,这样可以体现服务顾问的热情服务。常见的引导礼仪标准如下:

①电梯里没有其他人的情况,在客人之前进入电梯,按住"开"的按钮,此时请客人再进入电梯;到目的地时,按住"开"的按钮,请客人先下。

②电梯内有人时,无论上下都应客人、上司优先。

③电梯内,先上电梯的人应靠后面站,以免妨碍他人乘电梯;电梯内不可大声喧哗或嬉笑吵闹;电梯内已有很多人时,后进的人应面向电梯门站立。

10.入座、递送饮料和资料的礼仪

在接待服务过程中,服务顾问要适时地主动邀请客户就近入座。例如,在给客户制作维修工单、向客户说明维修方案、商谈价格、签订合同等关键时刻,坐下来洽谈都有利于沟通和协议的达成。

(1)入座礼仪

服务顾问需要找准时机及时邀请客户入座,经同意引导客户入座,并协助客户入座,同时关注同行的所有客户;服务顾问在征求客户同意后入座,与客户保持适当的身体距离。

(2)递送饮料的礼仪

在汽车服务接待过程中,给客户递送饮料可以增加对客户的关怀,增加客户的满意度。常见的递送饮料的礼仪如下:

①询问客户所需要的饮料种类,在听到客户提出的要求后,重复饮料名称进行确认。

②送饮料时托盘高度以靠近胸部为宜,以免自己的呼吸接触到饮品。

③说"打扰一下"并鞠躬后,按逆时针方向将饮料放在客户的右手边。使托盘的正面朝向外侧用左手夹住,右手扶在托盘上,说"请慢用"后点头示意退下(如果桌面有易潮物品请将茶水尽量远置)。

④饮料不可倒得太满,切忌端杯口,摆放时要轻。

(3)递送资料的礼仪

在服务接待过程中,经常要给客户递送一些维修资料,良好的递送礼仪可以增加客户对服务人员的信赖。常见的递送资料的礼仪如下:

①资料正面面对接受人,双手递送,同时对资料的内容进行简单说明。

②如果资料在桌上,切忌将资料直接推到客户面前。

③如有必要,帮助客户找到其关心的页面,并作指引。

递送资料时的礼仪用语:"这是×××的资料,请您过目。""我现在就您关心的内容给您作个介绍,您看可以吗?"

四、电话接待服务礼仪

汽车服务接待过程中,许多工作上的沟通、与客户之间的沟通常常是通过电话进行的。因此,电话礼仪是决定企业形象的"公司脸面",是引起客户好感的一个重要因素。

服务顾问应时刻铭记自己的每一句话都在左右着公司的形象,左右着自己在客户心目中的形象。因此,在电话应答时应尽可能给对方好感。

1.接听电话的基本礼仪

接听电话时的几个基本原则:电话铃响在3声之内接起;告知对方自己的姓名;电话机旁准备好纸笔进行记录;确认记录下的时间、地点、对象和事件等重要事项;音量适度,不要过高;等等。

常见的用语:"您好,××4S店××部××。"(直线)"您好××部××。"(内线)上午10点以前:

"早上好。"电话铃响 3 声以上时说:"让您久等了,我是××部××。"

2.拨打电话的基本礼仪

拨打电话的基本礼仪如下:

①确认对方的姓名和电话号码。

②准备好要讲的内容,确定说话的顺序,准备好所需要的资料、文件等。

③明确通话所要达到的目的。

④电话接通时要问候对方,告知对方自己的身份和姓名,同时要确认对方的信息。

⑤互相确认信息后,简洁地说明打电话的主题内容。

⑥电话结束后要表示感谢。

⑦等对方放下电话后再轻轻将听筒放回电话机上,同时整理刚才记录的电话内容。

拨打电话时的注意要点:

①要考虑打电话的时间(对方此时是否有时间或者方便接听电话)。

②注意确认对方的电话号码、单位、姓名,以避免打错电话。

③准备好需要用到的资料、文件等。

④讲话的内容要有次序,简洁、明了。

⑤注意通话时间,不宜过长。

⑥要使用礼貌语言。

⑦讲电话时,如果发生掉线、中断等情况,应由打电话方重新拨打。

3.如何应对打错的电话

假如维修客户打错了电话,或者打电话找的不是本部门,或者打电话所找的部门并不主管客户所要询问的事情,这时需要给客户进行解释。

(1)如何向客户解释电话打错了

假如客户打错了电话,不要说一句"打错了"就挂断,而应该向对方解释这里是什么单位。在对方表示歉意后,应表示没有关系,欢迎他方便时来访。

(2)如何向客户解释他要找的不是本部门

假如客户打电话找的不是本部门,或者所要询问的事情由另外一个部门负责,就需要对客户进行解释。

当打算告诉客户另外一个电话时,应该征求客户意见,询问他是否介意打另外一个电话询问。有时,客户不希望再打电话,他只是想留个口信。

告诉客户他需要打另外一个电话时,客户可能会担心"我要被推到哪里"。所以,应告诉客户他需找什么人以及为什么要找其来解决或咨询。这样,对方就理解了。

(3)如何转达口信

假如客户不希望再打另外一个电话,只是想留个口信,那接电话人就应该照办,并保证把口信送达当事人。毕竟,整个公司是一体的。

4.结束通话

以一种积极的语气和恰当的用语结束通话,是圆满完成一次通话的重要象征。以下是

一些结束通话的有效方式:

①重述打这个电话的目的及重要细节,与客户达成一致。

②询问客户是否需要为他提供其他服务,给客户一个最后的机会完成通话过程中没有涉及的其他事务。

③感谢客户打来电话,而且让他知道自己非常重视他所提出的问题。

④让来电者先挂上电话,以免令对方感到话未讲完就被挂断电话。

⑤挂断电话后,立即记下重要信息,以免忙于其他事情而忘记。

[任务实施]

活动　维护类车辆接待任务实施

一、活动前的准备工作

活动前的准备工作如表 1-3-1 所示,将学生分成 4 组进行。

表 1-3-1　活动前的准备工作

序　号	名　称	数　量	单　位	备　注
1	汽车	4	辆	根据本校实际情况选择车型
2	维修接待台及椅	4/8	个/把	
3	洽谈桌及椅	4/8	个/把	
4	收银台及椅	4/8	个/把	
5	饮水机	4	台	
6	饮料、纸杯	若干	瓶/包	
7	接车板夹	8	个	
8	笔	8	支	
9	计算机	4	台	
10	打印机	4	台	
11	白手套	2	副	
12	三件套	若干	套	
13	维修保养手册	4	本	
14	计时器	4	个	

二、活动描述

（一）主题

一位老客户来特约服务站进行定期维护，服务顾问严格按照接待礼仪要求接待了他。

（二）角色扮演的学习目标

在完成该角色扮演之后，服务顾问能够按照标准流程对客户进行定期维护项目的介绍。

（三）角色扮演的目的

服务顾问应客户要求成功填写派工单。

（四）情景

日期：×月×日。

一位老客户来×特约服务站进行有关×品牌车辆 30 000 km 定期维护。

（五）车辆信息

车辆型号：×××。

行驶里程：30 092 km。

购买日期：2015 年 11 月 2 日。

（六）客户要求和期望

①客户希望在含配件费在内总价低于 1 500 元的情况下接受这项服务。

②客户希望在当天 18:00 前取回汽车。

③客户需要有接送车或至少将其送到最近的地铁站站口。

④客户想用经销商会员卡支付，这样客户可享受维修/保养工时 8 折优惠。

⑤客户没有其他担心的问题。

⑥客户只是想确保在春节期间探亲访友时能安全行车。

（七）客户角色的要求

在角色扮演过程中，除非服务顾问特别要求，否则客户不要提供下列信息。

①希望在含配件费在内总价低于 1 500 元的情况下接受这项服务。

②希望在当天 18:00 前取回汽车。

③需要有接送车或汽车将自己送到最近的地铁站站口。

④想用经销商会员卡支付，这样可以享受维修/保养工时 8 折优惠。

⑤没有其他担心的问题。

⑥只是想确保在春节期间探亲访友时能安全行车。

（八）观察员角色的要求

在角色扮演过程中，观察员要重点观察服务顾问是否注意到了以下事实。

①客户想要在含配件费在内总价低于 1 500 元的情况下接受这项服务。

②客户希望在当天 18:00 前取回汽车。

③客户需要有接送车或汽车将自己送到最近的地铁站站口。

④客户想用经销商会员卡支付，这样可享受维修/保养工时 8 折优惠。

⑤客户没有其他担心的问题。

⑥客户只是想确保在春节期间探亲访友时能安全行车。

（九）模拟实施

请根据以上描述和要求模拟该活动的角色扮演。

[任务评价]

1.理论知识评价

请完成理论知识评价,如表 1-3-2 所示。

表 1-3-2　理论知识评价

问　　题	正　　确	错　　误
①汽车维修服务接待工作是直接面对客户的窗口性行业,窗口服务的第一印象是一个两分钟的世界,只有一分钟展示给客户自己是谁,另一分钟让客户喜欢上自己		
②良好的个人仪容仪表可以塑造良好的职业形象		
③在穿着西装时应注意整体装扮,讲究搭配合理、色调和谐,强调整体美		
④女士落座后双膝并拢,双脚向一侧斜放,脚尖朝前,坐在椅子的 2/3 处,两手交叠自然放在双腿中间,右手搭在左手上		
⑤服务顾问应定期干洗西装,熨烫平整,上岗前对镜自检着装		
⑥服务顾问入座是从座椅右侧入座,坐在椅子的 1/3 处。坐下后,头部端正,双眼平视前方,腰背部直立,腿部垂直于地面,双膝分开,不超过肩		
⑦服务顾问开关客户车辆的引擎盖时,右手五指需并拢,放在客户腰际,提示顾客小心		
⑧服务顾问需要客户签字时,递笔的要求是双手手指握笔,笔尖朝右,水平递到客户手中		
⑨在人际交往中,选择正确、适当的称呼,反映着自身的教养、对对方尊敬的程度,甚至还体现着双方关系发展所达到的程度和社会风尚		
⑩接受名片时须起身双手接受名片,面带微笑,点头表示感谢		
⑪指引客户方向或看什么东西的时候,手臂应自然伸出,手心向上,四指并拢		
⑫电话铃响在 3 声之内应接起		
⑬结束通话时让来电者先挂上电话,以免令对方感到话未讲完就被挂断电话		

2.活动表现评价

请完成活动表现评价,如表 1-3-3 所示。

表 1-3-3　活动表现评价

评价项目	完　成		没有完成
	良好	有待提高	
①热情、自信、交流技巧、满腔热忱			
②体现顾问式服务理念,分析客户感性的动机更为重要			
③报出公司名称、自己的姓名;在对话过程中询问并称呼客户的姓名;对于老客户,应确认其信息			
④不打断客户谈话			
⑤记录			
⑥当问候客户时保持目光接触和面带微笑			
⑦为客户车辆铺挂防护用品			
⑧仔细倾听并确定客户服务需求,将每个项目的单价进行解释后再告知客户合计数额			
⑨对客户的维护项目、所需时间进行解释			
⑩确定能够交车的日期和时间			
⑪维护过程中发现新问题时与客户进行沟通			
⑫询问客户是否还有其他担心的问题			
⑬维护后,让客户在所产生费用的相关单证上签字确认			
⑭询问客户是否需要替代交通工具			
⑮维护完成后向客户致谢,欢送客户			
其他表现:			

/任务四/　汽车维修服务接待岗位认知

[任务目标]

- 能叙述汽车维修服务接待的重要性。
- 能叙述汽车维修服务接待的作用。
- 能叙述服务顾问的岗位背景及客户期望。
- 能叙述服务顾问的基本工作内容。
- 能叙述服务顾问的角色与工作职责。
- 能叙述维修服务顾问需要具备的工作理念。
- 能叙述顾问式服务流程。
- 能进行汽车维修服务接待岗位流程实践。

[任务引入]

　　唐军是一名汽车专业的学生,在某品牌 4S 店进行过半年的课程实习。在实习过程中,他通过观察发现,每天都有大量的客户到店进行车辆的维护和维修,并且所有来店的客户都会由一个专门的人员负责接待。他还发现接待人员每天都要接待大量的不同客户。每当看到客户满意而归时,接待人员是那样地开心,唐军就觉得这个工作很有意思,很有挑战性,也很有成就感,下决心毕业后也要从事这项工作。

[任务准备]

一、汽车维修服务接待的重要性

　　进入 21 世纪以来,维修业务接待已逐渐成为汽车维修企业经营管理的重要组成部分,服务顾问越来越凸显其在汽车维修服务企业中的地位。特别是最近几年来,我国汽车服务业迅速发展,人们常把服务顾问服务水平的高低作为衡量汽车维修企业服务质量水平的标准。

　　维修企业服务工作由接待开始,而服务工作要使客户认同和满意,就必须要有优秀的服务顾问。

　　①汽车维修业务接待岗位的设立,充分体现了汽车维修企业的经营管理规范化程度。

　　在《汽车整车维修企业开业条件》(GB/T 16739—2004)国家标准中,将服务顾问作为一个必须具备的岗位提出,以期提高汽车维修行业的整体服务水平。

②汽车维修业务接待可带动协调各个管理环节,有利于提高工作效率。

业务接待需要与各部门服务人员通力合作,为客户提供完美的服务体验过程。

③汽车维修业务接待可作为企业与客户之间的桥梁,协调双方利益,增加双方的信任度,从而凝聚广大客户,提高企业的经济效益和社会效益。

二、汽车维修服务接待的作用

客户进入维修企业,第一步踏入的是维修企业的接待大厅,大厅的环境影响着企业在客户心中的第一印象。因此,业务接待大厅的设置要从全盘考虑,力求具有较强的舒适性、庄重性。加强服务接待人员素养培训,提高服务水平,使客户信任企业,愿意在企业修车,从而将客户变为企业的回头客。

从众多企业的成功经验来看,只有在汽车维修业务接待这个"第一窗口"彻底改善服务,才能降低客户不满意的现象。可见,服务接待对汽车维修企业的作用至关重要。

汽车维修服务接待的作用,体现在如下几点:

(1)代表着维修企业的形象

汽车维修企业的形象由企业文化、企业效率、企业信誉及经营环境等要素组成。良好的企业形象会在客户中产生深刻的认同感,进而转化为巨大的经济效益。服务顾问在客户中的形象就是企业形象的直接反映,是企业形象的"窗口",其言谈举止、待人接物、服务水平等直接关系到企业形象的好坏。

(2)是维修企业与客户进行业务联系的纽带

服务顾问有很多种不同的称谓,如维修接待员、维修顾问、接待专员、诊断顾问等。服务顾问的重要性体现在他是顾客进企业碰到的第一人,是和客户接触时间最多的一个人。客户的时间有限、专业不足,所以将爱车交给服务顾问后就等待结果。从理论上讲,来维修企业维修的客户是由服务顾问从头到尾完成接待工作的。

(3)能体现汽车维修企业整体的服务、技术和管理水平

维修企业整体素质的高低,无论是技术的还是管理的,都可以从服务顾问身上反映出来。服务顾问在接车、估价等环节中所表现出的解决问题和处理问题的能力,直接体现了维修企业技术水平的高低;服务顾问从接车到交车的全过程中所表现出来的工作条理性和周密性,体现了维修企业服务和管理水平的高低。如果维修业务接待好,则客户对企业的信赖度就高。

(4)协调各部门分工合作、密切配合

客户的车从进厂到出厂,服务顾问要协调各个环节,保证客户的车维修保养能按部就班地进行。其中包括对工作流程及工作进度的控制。因此,维修企业各个部门都是在服务顾问的协调下分工合作、密切配合的。

三、服务顾问的岗位背景及客户期望

汽车售后服务是汽车服务企业最重要的利润环节,在该环节中除了要把客户的车修好、维护好外,还得把客户的心情照顾好,提高客户的满意度。就像某品牌提出的"专业待车、诚意待人"一样,只有高品质的服务才能提高客户对企业的忠诚度,使企业有一批忠实的客户,

保持企业的利润率。

1.服务顾问的岗位背景

汽车企业除依靠销售保持盈利外,售后服务对企业保持盈利能力的贡献是最大的。

目前,新车销售收入比例不断降低,而零部件和售后服务的收入比例却在增长。所有的汽车品牌都无一例外地开始重视售后服务的品质。

售后服务最大的问题就是要确保有足够多的到店客户,或者说要有足够多的忠实客户。客户会选择那些质量好、服务好、成本低及有竞争力的汽车维修服务企业,所以客户的满意度就显得非常的重要,从而产生了服务顾问这一岗位。

2.客户对维修服务的期望

客户在进行车辆维修和维护时往往有自己的内心期望,这些期望主要包括4个方面:车辆的维修质量(4S店的技术服务能力),与客户的沟通(对人的服务能力),维修时间和成本(金钱、时间、心情)。

(1)车辆的维修质量

在服务质量上,客户主要关注两件事情,一是维修维护后是否还出现问题;二是车辆维修维护后是否干净。

(2)与客户的沟通

在与客户的沟通上,客户主要关注以下事项:服务顾问是否完全关注他的需求;服务顾问是否提供了有帮助的建议;服务顾问是否解释了需要完成的维修服务项目;在将车辆送去维修前,服务顾问是否陪同客户一起对车辆进行了环车检查;自己是否收到提醒去维护的电话或短信;安排服务的方式是否合理;维修服务前,服务顾问是否提供了费用估算;服务顾问是否了解客户车辆以前的维修或维护情况;是否有人会告诉自己车会在什么时候维修或维护好;服务顾问是否与客户一同检查车辆已完成的维修或维护工作。

(3)维修时间

客户对时间的主要关注点:服务的时间和客户的期望时间相比是否过长;维修或维护结束后,服务顾问是否在第一时间联系客户;维修花费的时间、提车的时间、等待被服务顾问接待的时间是否过长等。

(4)成本

在成本的期望值上,客户主要关注价格和价值是否匹配,费用是否合理,费用和自己的预期相比是否超出了许多等。

四、服务顾问的基本工作内容

客户的车辆在使用过程中需要进行常规的维护,或者出现故障后希望能在维修时解决这些问题,并受到特约维修店或4S店人员的热情接待。

根据对汽车维修服务企业,尤其是品牌特约服务站的调研,服务顾问的工作主要分为:接待前、接待中、接待后/维修中、维修后/交付前、结算/交车、服务跟踪6个阶段,如图1-4-1所示。

接待前	接待中	接待后/维修中	维修后/交付前	结算/交车	服务跟踪
工作准备	欢迎客户	关注进度	内部交车	通知交车	故障跟踪
工具准备	车辆防护	合同变更	核对内容	交车说明	大修跟踪
服务准备	问诊及预检		打结算单	交车确认	投诉跟踪
	确定维修项目		准备单据	陪同结算	预防投诉
	打印维修委托书			取下四件套	
	五项确认			送离	
	安排客户休息				

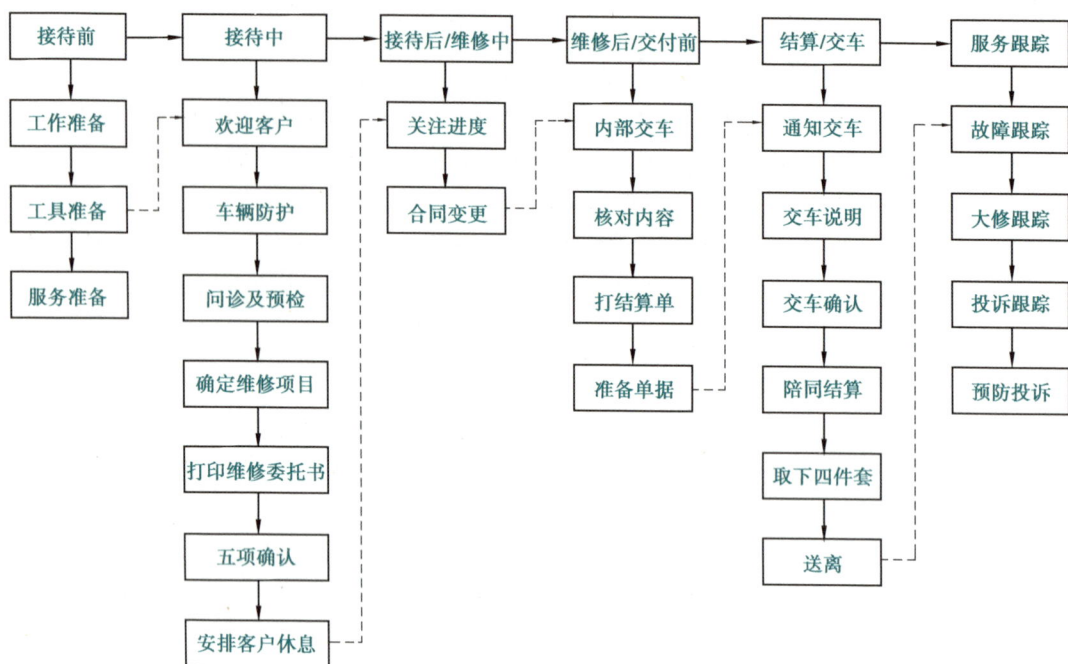

图 1-4-1　维修接待基本阶段

1.接待前

接待前的主要工作是准备。准备阶段主要指在顾客进来之前,准备好服务顾问及客户所需的各种资料信息。在开始一天的正式工作和每一次接待工作之前,服务顾问需要了解与自己相关的工作准备是否就绪,几分钟有序的检查完全可以避免接待中的慌乱,大大提高工作效率和服务质量。在工作准备中,需要从工具、人员情况、预约情况、环境情况、未完成的工作上着手进行。

(1)工作准备

服务过程前的准备越完善,客户产生的抗拒心理就会越弱。通过服务顾问的准备可以达到以下目的:超越客户的期望值,创造热情的接待环境;建立客户对公司及业务接待的信心;更好、更准确地了解客户需求;更快地消除客户的顾虑;树立自信和专业的形象;营造双赢的结果。

(2)工具准备

接待工作中会使用到很多工具,每一种工具定位在何处、数量有多少、性能如何,服务顾问必须非常清楚。如果客户看到服务顾问手忙脚乱地翻找工具,其对服务顾问的信任度和服务印象将大打折扣。

为了能更好地服务于客户并使自己拥有良好的工作心情,请服务顾问按5S的方法检查并维护好各种工作用具。

(3)服务准备

服务准备是检查服务顾问是否已经进入服务状态。请在接待工作之前检查着装、仪表和精神状态是否达到服务标准。

2.接待中

在工具设施准备好、服务顾问进入服务状态后,就可以开始接待工作了。接待时按照先后顺序进行以下工作:迎接客户并了解客户需求;进行车辆防护;问诊和预检;环车检查;同客户确定维修项目、工期、价格;核对客户信息,建立、打印维修委托书;五项确认、客户签字;安排客户休息。

(1)迎接客户并了解客户需求

当客户开车来到维修站时,保安人员应礼貌问候并指引客户停车,同时使用对讲机等通信工具通知服务顾问。

业务量比较大的网点应考虑在维修高峰期设立维修引导员,这一职务可以由服务顾问轮流担任。这样一来,客户在到了之后第一时间就有人接待,使其情绪更快地由心理焦虑区进入心理舒适区。

(2)车辆防护

在初步了解客户需求,判定客户车辆需要进行的维修或维护项目后,服务顾问应在第一时间对客户车辆进行防护。这样做的目的是体现对客户车辆的重视,以及服务顾问对客户的关心和尊重,使客户感到舒适。

(3)问诊和预检

许多客户到4S店来不仅是为了维护或者有很明确的维修要求,他们可能只是觉得车辆在某些方面可能有问题。这就需要服务顾问能够通过问诊和预检发现问题,并以专业的知识为客户提供维修建议,或者消除客户的疑虑。

高效和准确的问诊及预检工作能够帮助服务顾问一开始就发现客户车辆问题所在,从而避免浪费时间和反复与客户沟通,提高一次修复率。

问诊和预检的主要工作:倾听客户描述或通过提问引导客户正确描述故障现象,对报修的车辆进行预检,对故障进行初步判断或者对故障现象进行详细的描述,以帮助技术人员查找故障。

①倾听客户描述:服务顾问要仔细、认真地倾听客户对故障的描述。这样做的目的是通过对客户的描述进行记录和分析,以便作出初步判断。

②初步诊断:通过初步诊断可以快速准确地确立服务项目。

③预检:服务顾问应仔细地预检。通过预检可以增加维修项目,进行服务营销,增加单车产值。

④环车检查:在正式确定维修内容之前,服务顾问需要和客户一起对车辆进行环车检查。此举在于帮助客户了解其车辆的基本情况,与客户共同确认并记录车辆外观情况,保证维修后客户取车时车辆情况与原来一致。特别需要提醒的是,服务顾问在检查中发现的任何问题都应该给客户指出来,并在维修委托书上注明,请客户签字确认,这样可以避免交车时出现纠纷。

（4）与客户确定维修项目、工期、价格

经过初步诊断确立维修项目后，服务顾问应向客户作出价格估算，确定预计完成的时间。

（5）核对客户信息，建立、打印维修委托书

在客户认可维修工作之后，服务顾问应将确认内容形成纸质正式合同（维修委托书）。

（6）五项确认、客户签字

在维修委托书打印完毕之后，服务顾问应将维修项目、预计价格、预计完工时间、是否洗车、是否保留旧件这五项内容逐一与客户正式确认，并请客户在维修委托书上签字，将维修委托书客户联交给送修人作为取车凭证。这样做的目的是让客户确实了解合同内容，并予以确认。

（7）安排客户休息

维修委托书确认完毕后，服务顾问要根据客户的需要安排客户休息或离店。这是很重要的工作，不理睬客户会使客户不知所措。

3.接待后和维修中

当车辆开始进入维修后，服务顾问需要紧密关注车辆的维修进度，并根据进度和维修变化及时做出安排。

（1）关注维修进度

服务顾问应主动掌握自己接待车辆的维修进度，如感觉在预计时间内无法完成，需及时调整或通知客户。

（2）工项和时间变更

当维修项目和完工时间发生变化时，服务顾问需立即通知客户，重新进行费用和时间的确认。

4.维修后和交付前

在车辆维修之后，服务顾问需要对车辆的维修情况进行确认，并准备相关的单据，为交付车辆做好充分准备。

这里主要包括内部交车，核对维修项目和维修价格，打印结算单，准备交付单据、交车说明等环节。

5.结算和交车

结算和交车环节是服务流程中的重要环节，在前几个环节客户逐步建立的愉悦心情和信任，通过专业周到的交车服务能够得到提升和加强；反之，则会改变客户最初的良好印象，失去客户的信任。

交车中的几个步骤：通知客户取车、说明所做的工作和收费明细、取回维修委托书客户联、交车确认、陪同结算、取下四件套、感谢和送离。

6.服务跟踪

当交车结束、客户离店后，服务工作仍没有结束，服务顾问还需要进行以下工作：对未检查出故障的客户车辆继续进行跟踪；对车辆大修的客户主动进行联系；对维修过程中有抱怨

的客户主动进行回访;客户离店后对此次服务如有抱怨或投诉,需积极协助相关人员进行处理。

五、服务顾问的角色与工作职责

维修服务接待岗位是一个综合性的岗位,对从事维修服务接待的人员有较高的素质要求。随着维修行业竞争的加剧,客户对维修服务的期望越来越高,这就要求维修服务接待人员(以服务顾问为主)要有较好的服务理念和工作理念,要熟知维修接待岗位对人员的相关要求,要能担当起该岗位的各项工作职责。

1.服务顾问所扮演的角色

服务顾问是技术员,也是业务销售人员,还是心理学家、社会工作人员。

客户的车要修好,客户的心情也要"修"好;为客户提供咨询,让他们了解全车;热情地提升品牌的形象;为了客户利益,推广合适的产品与服务;给客户时间,用心倾听他们的谈话。

(1)成功的服务顾问必须具备的条件

①一个成功的服务顾问要具备正确的价值观、扎实的理论基础、较强的工作能力,熟悉各种服务标准,行动迅速。

②一个成功的服务顾问需要具备以下能力:乐观积极的态度和价值观、良好的沟通能力、良好的文字表达能力、良好的灵活应变能力、良好的组织协调能力、良好的观察能力、良好的承受压力的能力、良好的创新能力、熟练的驾驶能力、熟练的计算机操作及分析能力、基本的外语沟通能力。

③一个成功的服务顾问需要具备以下知识:较强的汽车专业知识,主机厂和企业服务政策与流程及其相关内容,特约销售服务店或特约服务站的内部结构和功能,正确的接打电话技巧和礼仪,保修政策与程序,现有的汽车市场基本情况,竞争者的服务和维修价格,保险公司理赔政策与程序,一定的消费心理知识,一定的财务知识,一定的法律知识。

(2)服务顾问的心理素质和修养

①心理素质:良好的心理素质是服务顾问综合素质的重要组成部分。一个情绪不稳定、性格孤僻、人际关系紧张的人很难将业务接待工作做好。良好的心理素质需要服务顾问自身不断地努力来练就。

a.积极的情绪。情绪的好坏直接关系到工作的成就。情绪就是对跟自己相关事务所做出的反应。人的情绪有高有低,但人不能让自己总是处于一种情绪状态,当工作时我们需要保持积极的情绪。当你受到不愉快事情的困扰时,作为服务顾问一定要在面对客户前调整好情绪,以积极、愉悦的状态面对客户。

b.挫折承受力。服务顾问在工作中难免会遭受打击,因此需要有良好的挫折承受能力,这是一种素养。例如,作为服务顾问,如果被客户误解,怎么办? 在客户大发雷霆后,是否可以做到平心静气,继续工作?

c.应变能力。所谓应变能力是指对突发事件的有效处理能力。有经验的服务顾问能很稳妥地处理各种情况,这就需要具备一定的应变能力。特别是在处理一些恶性投诉或突发事件的时候,更要处变不惊、临危不乱。

②个人修养:个人修养具体包括以下几方面:

a.诚信。很多企业通常都会要求服务顾问不要对客户轻易承诺,说到就要做到。如果随便答应客户的要求,一旦承诺不能兑现,工作将会进入被动的境地。因此,服务顾问必须要注意自己的承诺,一旦答应客户,就要努力兑现。

b.尊重。个人修养首先要自尊自爱。尊重自己,就是要把你自己当回事,站有站相、坐有坐相,举止大方。在自尊的基础上要尊重客户,真正关心客户,不论客户的身份、年龄和学识,都要对他(她)表示尊重。除了尊重自己、客户外,还要尊重同事,更要尊重自己的企业。在与客户的接触沟通中,服务顾问有责任、有义务维护企业的尊严和形象。

c.谦虚。是人的一种美德,服务顾问应在处理客户异议或投诉时表现出自己的谦虚。服务顾问一般都有较强的专业知识,若不具备谦虚的美德,就会在客户面前有意炫耀自己的专业知识,揭客户的短处,让客户觉得不受尊重,这是严格禁止的行为。

d.忍耐与宽容。忍耐与宽容是对待无理客户的诀窍。服务顾问需要有一颗包容的心,要包容和理解客户。客户服务就是迎合客户的喜好而让他(她)满意,即使这位客户在生活中不可能成为朋友,但在工作中他是你的客户,就应该友好地对待他,因为这是你的工作。

2.服务顾问的工作职责

服务顾问的岗位内容如下:礼貌地接待和帮助客户,积极倾听并询问以发现客户的需求;确保在服务接待区内随时为顾客提供高标准的接待服务;达到和超越客户的期望值,明确及追踪客户的满意度;回答客户有关汽车保修及服务方面的专业问题;推动预约服务制度;建立工作档案,定期维系客户关系,以培育客户忠诚度;确认客户了解现有的产品和服务,以专业方式提供附加产品和服务;将维修进度随时告知顾客,合理解释正确的保修政策;当客户付款时,根据维修工单解释材料和工时费用,陪同客户做好交接车前的环车检查;小心处理客户的投诉,有需要时请相关人员介入,随时与车间及配件部门保持联系。

服务顾问的主要工作职责如下:

①不断学习汽车构造及维修知识、相关法律法规,努力提高自身的业务水平。

②保持接待区整齐、清洁,给维修客户留下美好的第一印象。

③热情接待、主动了解维修客户的真实需求以及其对车辆的维修期望,为客户提供满意的服务。

④接受待修车辆,通过询问或预检,与客户进行有效沟通,解释故障的发生原因及潜在影响,给出最适当的维修建议;确定维修项目及维修价格,耐心说明收费项目及其依据;达成维修意向、签订维修合同。但不能夸大故障、欺瞒客户,获取非法利益。

⑤开出维修工单,安排车辆的维修作业。

⑥安排客户休息,与客户约定交车时间。

⑦掌握维修进度,假如需要增加维修项目或延迟交车,需要与客户及时联系、沟通,达成一致意见。

⑧确保完成客户交付的维修项目,引导客户结算维修费用,按时将修竣车辆交给客户并

热情地送客户离开。

⑨提醒客户注意常见故障的发生以及避免方法。

⑩建立并妥善保管客户及其车辆的资料,建立客户档案。

⑪做好维修回访等维修后的服务工作,给维修客户以温馨的感觉,同时宣传本企业、推销新产品、解答客户提出的问题。

⑫听取维修客户的意见与建议,接受维修客户的投诉,并及时向维修业务部门或领导汇报,妥善解决投诉内容。如果服务顾问能够积极履行自己的职责,充分发挥"接待、沟通、引导、化解"的作用,就会避免许多维修纠纷的发生。

3.服务顾问的角色定位

在顾客眼中,服务顾问代表着特约销售服务店或特约服务站,也代表着汽车品牌公司;在整个特约销售服务店或特约服务站的眼中,服务顾问代表着客户,是桥梁,是窗口,是信息交流的纽带,承担着反馈客户需求信息、提供专业技术保障的任务;在服务经理眼中,服务顾问是重要的商务代表,是辛勤、艰苦的工兵。

六、顾问式服务流程

维修服务流程的重要性和特点如下:

1.维修服务流程的重要性

为了使客户满意,除了需要有一套规范的服务标准外,还需要一个维修服务流程。如果没有一个能保证一次性完成维修工作的制度或者维修服务流程的话,再动人的微笑也不可能使客户留下来。

维修服务流程其实就是维修企业的业务流程,这个流程是产生某一结果的一系列作业或者操作,特别是指连续操作或者处理。

2.维修服务流程的特点

维修服务流程通常有两个特点:输入和输出。维修服务流程输入的是客户的故障信息和客户的故障车辆;输出的是修好了的客户车辆以及维修中心的服务。

3.以客户为中心和主体的顾问式服务流程

以前的汽车维修行业中也有服务流程,但局限于等待客户前来保修车辆,然后接待客户、修车,完工后把车钥匙给客户,客户把车开走。现在的维修服务流程是对传统流程的改进,一切都以客户为中心,是以客户为主体的服务流程。这个流程通常大致包括 6 个核心环节,即维修预约、接车制单、维修作业、质量检验、交流及交车、跟踪回访,如图 1-4-2 所示。

图 1-4-2　维修服务核心环节

①维修预约:在客户到店之前,准备好相关的资料信息。

②接车制单:与客户打交道的最初时间,了解客户,并让客户信任你,使客户建立起对服务企业的信心,同时还要对客户进行需求分析和服务产品介绍。

③维修作业:对客户的车辆进行专业维修。

④质量检验:确认前面的工作是否到位。

⑤交流和交车:通过向客户展示服务成果来赢得客户对服务的认可。

⑥跟踪回访:对客户进行售后关怀,维持对客户的热情。

随着竞争的加剧和服务意识的提升,目前服务流程更加关注客户的需求,也拓展了较多的流程环节,形成了13个环节的顾问式服务流程:招揽客户、预约服务、客户接待、预检和诊断、估价和客户安顿、派工、零件出库、车间作业、完工检查、车辆清洗、验车结算、交车送行、跟踪服务,如图1-4-3所示。

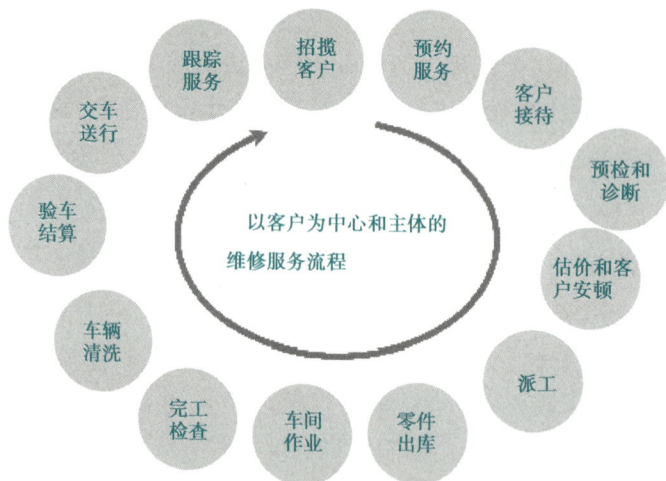

图1-4-3　顾问式服务流程

[任务实施]

活动　汽车维修服务接待岗位流程实践

一、活动前的准备工作

活动前的准备工作如表1-4-1所示,将学生分成4组进行。

表1-4-1　活动前的准备工作

序 号	名 称	数 量	单 位	备 注
1	汽车	4	辆	根据本校实际情况选择车型
2	维修接待台及椅	4/8	个/把	
3	洽谈桌及椅	4/8	个/把	
4	收银台及椅	4/8	个/把	
5	饮水机	4	台	

续表

序　号	名　　称	数　量	单　位	备　　注
6	饮料、纸杯	若干	瓶/包	
7	接车板夹	8	个	
8	笔	8	支	
9	计算机	4	台	
10	打印机	4	台	
11	白手套	2	副	
12	三件套	若干	套	
13	维修保养手册	4	本	
14	计时器	4	个	

二、活动描述

（一）主题

一客户来店进行 30 000 km 常规维护，服务顾问进行接待。

（二）角色扮演的学习目标

在完成该角色扮演时，服务顾问能够按照维修服务接待的流程体现顾问式服务的理念。

（三）角色扮演的过程

服务顾问小陈热情地接待了客户刘先生，根据刘先生的要求制订了详细的工作方案。刘先生在客户休息室休息，并等待车辆的完工。车辆维护完毕后，小陈通知了刘先生，并详细地为刘先生解释了工作的内容和需要的费用。

（四）情景

日期：×月×日。

客户刘先生来到××4S 店做 30 000 km 定期维护，小陈给刘先生制订工作方案，并依据工作方案对车辆实施维修。刘先生在休息室等待。

（五）车辆信息

车辆型号：×××。

行驶里程：30 010 km。

购买日期：2015 年 12 月 12 日。

（六）客户要求和期望

①工作人员能热情地接待他。

②工作人员能关注他的需求和要求。

③了解整个工作的过程和费用明细。

④技术人员能顺便帮他检查车辆。

（七）客户角色的要求

在角色扮演过程中，除非服务顾问特别要求，否则客户不要提供下列信息。

①希望工作人员能热情地接待自己。

②希望工作人员能关注自己的需求和要求。

③希望了解整个工作的过程和费用明细。

④希望技术人员能顺便帮他检查车辆。

（八）观察员角色的要求

在扮演过程中，观察员要清楚客户的要求，重点观察服务顾问是否注意到了下面的内容和细节。

①希望工作人员能热情地接待他。

②希望工作人员能关注他的需求和要求。

③希望了解整个工作的过程和费用明细。

④希望技术人员能顺便帮他检查车辆。

（九）模拟实施

根据上面的描述和要求模拟该项目的角色扮演。

[任务评价]

1.理论知识评价

请完成理论知识评价，如表1-4-2所示。

表1-4-2　理论知识评价

问　题	正　确	错　误
①维修企业接待大厅的环境影响着企业在客户心中的第一印象		
②服务顾问要把客户的车修好、维护好，不必把客户的心情照顾好		
③接待前的准备阶段主要指在顾客进来之前，准备好服务顾问及客户所需的各种资料信息		
④客户最担心的是价格		
⑤良好的说服力是服务顾问最大的才能		
⑥服务顾问的个人修养是一种自我暗示，是一种思想的实践		
⑦服务顾问（业务接待）是4S店中最重要的角色		
⑧服务顾问的主要工作仅仅是服务好客户		
⑨在请客户做交修确认时，只要向客户解释维修内容即可		
⑩服务顾问（业务接待）所推荐的维修项目越多，就越能使客户满意		

续表

问　题	正　确	错　误
⑪第一时间对客户车辆进行防护,这样做的目的是对客户车辆的车漆进行保护,防止产生划痕		
⑫每个来访的客户都知道他(她)自己想要什么		
⑬在服务经理眼中,服务顾问是重要的商务代表,是辛勤、艰苦的工兵		
⑭在服务过程中,最难的时候是刚开始的一段时间		
⑮客户所做的决定大多都是理性的		

2.活动表现评价

请完成活动表现评价,如表1-4-3所示。

表1-4-3　活动表现评价

评价项目	完　成		没有完成
	良好	有待提高	
①热情、自信、交流技巧、满腔热忱			
②体现顾问式服务理念,分析客户感性的动机更为重要			
③帮助客户很快地进入心理舒适区			
④耐心解释,把商品的特性与其带给客户的益处结合起来向客户进行介绍			
⑤记录			
⑥当问候客户时保持目光接触并面带微笑			
⑦确认客户姓名并在交流过程中使用			
⑧仔细倾听并确定其服务需求,将每个项目的单价合计后告知客户			
⑨通过提问,从客户那里收集附加信息			
⑩亲自确认车辆状况			
⑪使用问题确认自己的理解			
⑫询问客户是否还有其他疑虑			
⑬熟练填写派工单			
⑭询问客户是否需要替代的交通工具			
其他表现:			

项目二 | 汽车维修服务流程控制

/任务一/ 汽车维修客户预约

[任务目标]

- 能叙述预约的好处和预约的工作内容。
- 能叙述客户对预约的期望。
- 能叙述预约的注意事项。
- 能叙述预约服务的流程及关键点。
- 能叙述预约的操作要求。
- 能叙述预约服务时的电话应对。
- 能够按照客户应对标准流程来接受客户有关定期维护的预约。
- 能够按照客户应对标准流程来接受客户大修故障的预约。

[任务引入]

　　王先生购置了一辆新车,他平时非常在意车辆的使用和维护。有一天,他接到一家4S店维修服务顾问提醒车辆应该进行首次维护的电话。在电话中,维修服务顾问提到近期维护的车辆较多,为了避免等候时间过长,建议王先生进行一个预约。王先生觉得奇怪,车辆维护还可以预约? 等到王先生到4S店后,他发现预约的好处真的很多。从此,他不等维修服务顾问提醒就会主动预约了。

[任务准备]

一、预约

　　客户满意度调查发现,维修等待时间过长和不能按时交车都是导致客户不满的重要原因。针对这些问题,汽车维修企业推行了预约服务。

预约可分为主动预约和被动预约。

主动预约是指维修站主动打电话给客户进行的预约;被动预约是客户打电话给维修站进行的预约。

1.预约的好处

(1)为客户提供更优质的服务

对客户来说,预约可以享受如下好处:预约来店客户享受服务优先权,可合理安排到店维修维护时间,从而节省非维修等待时间;企业可以预备好维修人员和设备来提供服务,缩短客户维修等待时间;服务人员与客户接触时间充足,更利于沟通和掌握客户需求,确保车辆性能和维修质量;可减少客户为修车所花费的精力。

(2)提高资源利用率和作业效率,为特约店取得更大收益

对企业来说,预约有如下好处:提高修车效率,保证交车时间,提高用户满意度;将配件准备时间、问题分析时间人员调配时间放在车辆进厂之前,从而缩短生产周期;充分准备,有利于提高特约店维修维护质量,从而提升信誉和声望,增强竞争力;易于管理,合理安排修理任务和时间,避免人员和设备在高峰期疲劳作业,而其余时间资源无效闲置。

2.预约的工作内容

①询问客户及车辆基础信息(核对客户数据,登记新客户数据)。

②询问客户车辆行驶里程。

③询问客户上次维修时间及是否为返修。

④确认客户的需求及车辆故障问题。

⑤介绍特色服务项目。

⑥确定维修接待员的姓名。

⑦确定接车时间。

⑧提醒客户带齐相关资料。

预约是调配服务资源的有效手段,可以利用预约在高峰期分流客户,一方面可以避免高峰期服务能力不足,另一方面又能充分利用非高峰期的资源。

通过预约这一服务形式,可以有效地缩短客户在店等待时间,以提供优质迅速的服务,提高客户的忠诚度,增加车间生产效能,提高特约店效益。通过预约,也可以合理安排时间,缓解高峰时间的工作拥堵现象。

3.客户对预约的期望

对于客户来说,他们往往会这么想:预约对我有什么好处?怎样才能减少在店等待时间?来4S店后是否能立即受理?是否能保证服务方便、快捷、专业?能否以我想要的时间安排预约?电话沟通时能否有快速的接听和专业的解答?进店后能否有更多专享服务?能否按照规定完成约定的维护项目?能否按约定时间取回车辆?等等。了解客户的这些期望,对做好预约服务非常关键。

二、预约的注意事项

（1）硬件方面

要想做好预约，需要如下相关硬件设备：专用电话；预约单、预约汇总表；常用配件价格公示表；常规项目工时价格公示表；预约工作分配板或者维修进度看板、预约管理看板；预约欢迎看板、预约车顶牌或者前风挡明示卡；休息区预约宣传物料（宣传板或易拉宝）。

（2）人员方面

要想做好预约，需要做到如下相关业务内容：了解预约信息；相应的预约电话客服关爱专员；熟悉车辆技术问题的客服人员；预约电话接听结束后必须要有相应的准备。目前执行预约的大多是预约专员（或者是客户关爱人员），对应客户的主动预约，服务顾问也要担当预约的角色。

三、预约的流程及关键点

1.预约的流程

预约流程分经销店主动预约和客户主动预约（也称为被动预约）两种，如图 2-1-1 所示。

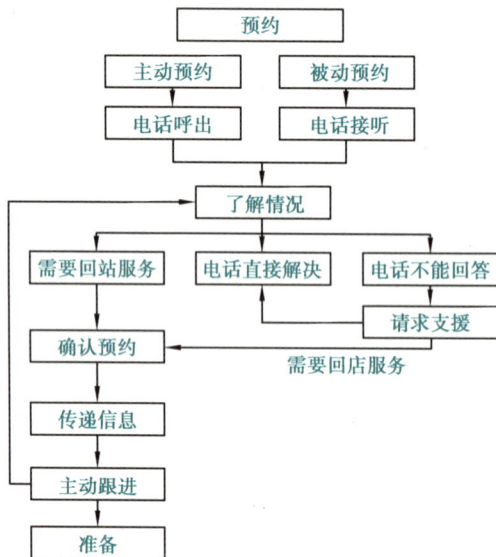

图 2-1-1　预约的流程

2.预约的关键点

4S 店主动预约环节的关键点：预约招揽、电话预约、预约确认（预约前一天）、预约前一天准备、预约日执行。

客户主动预约环节的关键点：接听预约电话、预约确认（预约前一天）、预约前一天准备、预约日执行。

整个环节的变化点：细化主动预约和被动预约的流程和细节、预约前一天使用短信或电话与客户确认预约状况、预约实施前的准备（包括提前备料）、增加预约管理板。

整个环节的增加点：根据系统将预约细化到预约具体时间或工位，对延迟来店的预约客户的处理。

随着新媒体技术的快速发展,各维修店纷纷推出了微信预约系统,这是利用在线平台实现在线预约的一种汽车售后服务。它给客户带来极大的便利,且操作简单,响应速度快,受到有车一族的一致好评。

四、预约的操作要求

整个预约服务的操作步骤共分 5 步:预约招揽、电话预约、预约确认、预约前一日准备、预约当日执行。

(1)操作流程

根据预约系统的提示,对当日需进行预约招揽的客户进行确认;对已确认客户发送微信或短信提示;预约前一天与客户确认预约状况;先发短信提醒,无回复的客户再电话提醒确认;人员和工位安排确认;零部件确认;制作预约管理板;完成相关单据等准备工作。

分情况处理:客户准时来店,客户未准时来店,客户提前来店,客户在约定时间 30 min 后未来店,客户延时来店,客户未能来店。

(2)方法或话术

根据系统记录确认客户名单;发送短信或打电话与客户确认;根据预约车辆提前安排维修技师、服务顾问和工位;客户来店前 15 min 准备好工位、5S 和相应维修项目所需工具和辅助材料等;零部件室应确认相应的零部件库存是否充足;零部件室根据系统中"售后—接待:预约状态"查询每个预约客户维修项目,提前备料。按服务顾问的姓名和客户预约的时间填写预约管理板;事先手工填好快速服务单并放至预约管理板下的工单架,准备好快速服务单和三件套。

客户准时来店后,按标准接待流程迎接客户。对提前超过 15 min 来店的客户可以说:"非常抱歉,×××先生/女士,您预约的时间是×××,我们的工位都是安排好的,您可能要等一会儿,我尽力给你安排。"对提前 15 min 内来店客户则立刻按接待流程执行并迅速通知车间准备作业。

服务顾问应对预约时间 30 min 后未来店客户进行电话关怀,同时将信息填入预约客户未来店跟踪表并传递给客服人员。如客户在电话中提出延时来店,则根据车间状况和客户需求安排适宜时间,如能确认,通知引导人员、车间和零部件更改看板;如客户在电话中表示当日无法来店,则按特约店主动预约流程执行,建议客户更换合适的时间。

(3)注意事项

短信群发的时间为理论维修维护时间前 7 d,在当日上午 10:00 前;如果客户针对提醒有主动来电预约,则按客户主动预约流程执行。

如果客户来电或短信确认无法来店,则按特约店主动预约相应程序处理。预约要结合工位情况和客户时间进行安排。

客户未准时来店分客户提前和延时来店两种情况。对未准时来店的客户,根据特约店当时的工位实际情况给客户安排,并告之新的交车时间;同时,提醒客户下次预约一定要准时来店。

五、预约服务时的电话应对

预约的主渠道依然是电话交流,良好的电话沟通是提升预约成功率的关键。

1.接打电话要点

(1)规范要点

①当有来电时,应在电话铃响3声内接听,并自报店名及姓名。

②明确此次客户致电的详细原因,以便给出令客户满意的答复。

③总是以亲切的态度和令人愉快的声音问候客户。

④做好必要的准备。打电话和接听电话的时候,手边准备好纸和笔,做好记录。

(2)肢体语言

①总是面带微笑。不要因为是电话交谈态度就很随便,态度要认真,就好像对方能看到自己一样。

②坐姿端正。虽说对方看不到自己的姿势,但自己的态度会不自觉地表现在声音上。所以接听电话应坐姿端正,手脚不要有过多的小动作,身体略微前倾。

2.预约招揽要点

电话预约可以分为两种方式:预约招揽和客户主动预约。在导入预约的初期,由于大部分客户没有预约的意识和习惯,因此大多采用预约招揽的方式,但客户主动预约才是理想的预约方式。

下面以定期维护到期预约招揽为例,说明电话预约招揽的流程及话术。

①目标客户选定。选定预约招揽的目标客户,包括新车首保客户、定保到期客户、久未回厂客户以及配件订货到货客户等。

②致电客户预约招揽。致电目标客户进行预约招揽,以定保到期为例。"您好!请问是×××先生(女士)吗?我是×××店的预约服务专员×××,能占用您几分钟时间吗?""您上次来我们店维护后,在车辆使用上有没有问题呢?您的车大概行驶多少公里了?""您的车辆距上次维护已经有5 000 km了,需要尽快做个维护。您最近有时间吗?我们现在推出了预约服务,有很多优惠政策(简单介绍),您看要不要帮您安排预约服务呢?"

③确认需求及报价。在得到客户的肯定答复后,引导客户进行预约。"×××先生(女士),您什么时候方便来店呢?""本周五是吗?您看下午5点可以吗?我们届时会准备好一切恭候您的光临。"在得到客户的认可后,可进行下一步的维修项目确认及报价环节。

④电话结束。电话结束后,对客户表示感谢。"好的,×××先生(女士),感谢您今天来电预约做10 000 km的车辆维护,我叫×××,已经受理了您的预约,如果您有什么问题,请随时与我们联系。""那么,我们届时将恭候您的光临。再次感谢您致电预约,再见!"

3.客户主动预约的电话流程及应对

随着预约这一服务带来的好处逐渐被客户接受,客户主动预约的情况将会大大增加。

（1）问候

在电话铃响3声内接起电话,面带微笑、吐词清晰、声音明快地向客户自报店名及姓名:"您好! 欢迎致电×××店,我是预约服务专员×××,很高兴为您服务。"注意不要让电话铃声响超过3次,若超过3次,接起电话时应首先向客户表示歉意:"您好! 很抱歉让您久等了! 欢迎致电×××店,我是预约服务专员×××。"

（2）确认客户需求

①客户提出维修维护,服务顾问应仔细倾听并做好记录,之后复述客户要求并确认。

②客户表示有时间继续进行电话交流后,服务顾问开始询问车辆信息。

③当客户说出自己的名字和车牌号时,服务顾问应将其详细记录下来,并向客户复述加以确认。

④在得到客户确认后请客户稍等,迅速进入计算机系统调出并查看客户资料。

（3）向客户确认其希望的预约日期及时间

当客户回答了自己希望的维护时间后,复述客户的要求并确认。

如果客户要求的维修维护时间特约店无法满足,预约专员应向客户说明并马上建议改约其他日期和时间,直到提出客户方便的时间为止。

（4）温馨询问及说明作业时间

确认日期时间后,对客户表示感谢,并询问客户车辆是否存在其他问题。如果有,详细而准确地记录客户的原话,并向客户复述加以确认。

向客户说明所需时间,确认客户是否在店等待车辆完工或者是否需要接送服务等(根据特约店自身条件决定)。

（5）最后确认及报价

确认客户是否在店等候后,最后再向客户确认一次其要求。

在得到客户的肯定确认后,根据价目表向客户作整个维护的报价说明,同时说明维护时可能会出现的追加项目。

针对至少提前一天通知客户的问题征求客户意见,同时询问客户方便的联系时间。

（6）电话结束

最后,向客户致谢,结束电话预约。"好的,×××先生(女士),感谢您今天来电预约做10 000 km的车辆维护,我叫×××,已经受理了您的预约,如果您有什么问题,请随时与我们联系。""那么,我们届时将恭候您的光临。再次感谢您致电预约,再见!"

等客户挂断电话后再将电话轻轻放下。

（7）记录预约及查询零件库存情况等相关工作

①填写预约表。预约表中的各个项目要详细填写,笔迹清楚,填写客户电话号码时要注意是公司电话还是住宅电话,要特别标出返修客户和投诉客户。

②确定零件是否有库存。如果零件没有库存,查询可能的送货日期,并通知客户零件何时才能有;同时,要求零件部订购必要零件。

③如果预约内容是返修或客户抱怨,应预先向服务经理报告并要求其在接待时间出席。

4.预约确认要点

预约专员应至少在预约时间的前一天与客户再次确认预约,提醒客户预约维修的日期和时间,这样能降低客户"失约"的概率。

客户"失约"会影响维修车间的工作安排,降低服务效率,还会使零件部的准备工作变得徒劳无功。

在致电前应准备好客户的预约记录资料、笔和纸。

在客户允许的方便时间致电,电话内容应简洁明了,时间不宜过长。电话结束时要真诚地表示谢意。

[任务实施]

活动一 电话预约定期维护客户

一、活动前的准备工作

活动前的准备工作如表 2-1-1 所示,将学生分成 4 组进行。

表 2-1-1 活动前的准备工作

序 号	名 称	数 量	单 位	备 注
1	汽车	4	辆	根据本校实际情况选择车型
2	维修接待台及椅	4/8	个/把	
3	洽谈桌及椅	4/8	个/把	
4	收银台及椅	4/8	个/把	
5	饮水机	4	台	
6	饮料、纸杯	若干	瓶/包	
7	接车板夹	8	个	
8	笔	8	支	
9	计算机	4	台	
10	打印机	4	台	
11	白手套	2	副	
12	三件套	若干	套	
13	维修保养手册	4	本	
14	计时器	4	个	

二、活动描述

(一)主题

一客户电话预约 40 000 km 定期维护,服务顾问进行接听。

(二)角色扮演的学习目标

在完成角色扮演之后,服务顾问能够按照客户应对标准流程来接受客户定期维护的预约。

(三)角色扮演的目的

服务顾问应能按照客户要求成功填写派工单以及预约控制日志。

(四)情景

日期:×月×日。

一位老客户王先生希望从 4S 店了解有关某款车 40 000 km 定期维护的服务项目及价格。

(五)车辆信息

车辆型号:×××。

里程:40 030 km。

购买日期:2014 年 5 月 1 日。

(六)客户要求与期望

①如果含配件费在内的费用低于 1 600 元,则客户希望接受这项服务。

②客户希望在第二天 8:00 取车。

③客户需要有接送车或至少将其送到最近的车站。

④客户想用经销商会员卡支付,这样客户可享受维修/保养工时 8 折优惠。

⑤客户没有其他担心的问题。

⑥客户只是想确保在邻近的假期内进行自驾游时能够安全行车。

(七)客户角色的要求

在角色扮演中,除非服务顾问特别要求,否则客户不要提供以下信息。

①如果含配件费在内的费用低于 1 600 元,可以接受这项服务。

②希望在第二天 8:00 取车。

③需要有接送车或至少将自己送到最近的车站。

④想用经销商会员卡支付,这样可以享受维修/保养工时 8 折优惠。

⑤没有其他担心的问题。

⑥只是想确保在邻近的假期内进行自驾游时能够安全行车。

(八)观察员角色的要求

在角色扮演中,观察员要重点观察服务顾问是否注意了以下几点:

①如果含配件费在内的费用低于 1 600 元,则客户可以接受这项服务。

②客户希望在第二天 8∶00 取车。

③客户需要有接送车或至少将其送到最近的车站。

④客户想用经销商会员卡支付,这样客户可以享受维修/保养工时 8 折优惠。

⑤客户没有其他担心的问题。

⑥客户只是想确保在临近的假期内进行自驾游时能够安全行车。

(九)模拟实施

参照上面的说明和要求模拟该活动的角色扮演。

活动二　电话预约过程中解释大修故障

一、活动前的准备工作

活动前的准备工作如表 2-1-2 所示,将学生分成 4 组进行。

表 2-1-2　活动前的准备工作

序　号	名　称	数　量	单　位	备　注
1	汽车	4	辆	根据本校实际情况选择车型
2	维修接待台及椅	4/8	个/把	
3	洽谈桌及椅	4/8	个/把	
4	收银台及椅	4/8	个/把	
5	饮水机	4	台	
6	饮料、纸杯	若干	瓶/包	
7	接车板夹	8	个	
8	笔	8	支	
9	计算机	4	台	
10	打印机	4	台	
11	白手套	2	副	
12	三件套	若干	套	
13	维修保养手册	4	本	
14	计时器	4	个	

二、活动描述

（一）主题

一位老客户预约发动机冷却系统大修故障，服务顾问进行电话解释。

（二）角色扮演的学习目标

在完成角色扮演之后，服务顾问能够按照客户应对标准流程来解释所要做的工作，并预估服务费用和交车时间。

（三）角色扮演的目的

服务顾问应能让客户理解修理内容以及服务费用。

（四）情景

一位老客户希望汽车在高速公路长途行驶之前维修发动机冷却系统。服务顾问将解释本企业所要做的工作，并预估服务费用和交车时间。

（五）车辆信息

车辆型号：×××。

里程：42 030 km。

购买日期：2013 年 9 月 9 日。

（六）客户要求与期望

①如果含配件费在内的费用低于 800 元，则客户接受这项服务。

②客户希望在当天 17:00 取车。

③客户没有其他担心的问题。

④客户只是想确保汽车在高速公路行驶时能够安全行车。

（七）客户角色的要求

客户希望汽车在高速公路长途行驶之前维修冷却系统。希望了解企业所要做的工作，并预估服务费用和交车时间。在整个角色扮演过程中，除非服务顾问特别要求，否则客户角色不要提供以下信息。

①如果含配件费在内的费用低于 800 元，则可以接受这项服务。

②希望在当天 17:00 取车。

③没有其他担心的问题。

④只是想确保汽车在高速公路行驶时能够安全行车。

（八）观察员角色的要求

观察员要清楚这位老客户希望汽车在高速公路长途行驶之前维修冷却系统。服务顾问将解释本企业所要做的工作，并预估服务费用和交车时间。在整个演练过程中，观察员应重点观察服务顾问针对客户要求和期望所做的举措。

①如果含配件费在内的费用低于 800 元，则客户接受这项服务。

②客户希望在当天 17:00 取车。

③客户没有其他担心的问题。

④客户只是想确保汽车在高速公路行驶时能够安全行车。

(九)模拟实施

依据上面的说明和要求模拟该活动的角色扮演。

[任务评价]

1.理论知识评价

请完成理论知识评价,如表 2-1-3 所示。

表 2-1-3　理论知识评价

问　　题	正　确	错　误
①维修服务流程一般是从预约开始		
②预约就是根据维修服务中心本身的作业容量定出具体作业时间,统筹安排每日的作业量,以保证作业效率		
③预约来店客户享受服务优先权,合理安排到店维修维护时间,节省非维修等待时间		
④要想做好预约,需要相关硬件设备		
⑤随着新媒体技术的快速发展,各维修店纷纷推出了微信预约系统,这是利用在线平台实现在线预约的一种汽车售后服务		
⑥打电话和接听电话的时候,手边准备好纸和笔,做好记录		
⑦随着预约服务带来的好处逐渐被客户接受,客户主动预约的情况将会大大增加		
⑧服务顾问在电话铃响 3 声内接起电话,面带微笑、吐词清晰、声音明快地向客户自报店名及姓名		
⑨如果客户要求的维修维护时间特约店无法满足,预约专员应向客户说明并马上建议改约其他日期和时间,直到提出客户方便的时间为止		
⑩等客户挂断电话后,预约专员再将电话轻轻放下		

2.活动表现评价

（1）请完成活动一表现评价,如表 2-1-4 所示。

表 2-1-4　活动表现评价

评价项目	完 成		没有完成
	良　好	有待提高	
①语气、语调和吐词清晰度			
②保持客气和礼貌			
③灵活使用电话技巧			
④耐心解释,把汽车售后服务的特性与其带给客户的益处结合起来向客户进行介绍			
⑤记录			
⑥立即接听电话(铃响3声之内)			
⑦报出公司名称、自己的姓名并提供帮助			
⑧在对话过程中询问并称呼客户的姓名			
⑨对于老客户,应确认客户信息			
⑩通过提问,弄清楚客户担心的问题或服务需求			
⑪在预约日志中输入有关客户要求的说明			
⑫询问客户最方便在什么日期和时间进行预约			
⑬确定能够交车的日期和时间			
⑭告知客户,预估完成时间将在他车送交特许经销商后得到确认			
⑮重复客户预约的相关信息			
⑯向客户致谢,结束通话			
其他表现:			

（2）请完成活动二表现评价，如表 2-1-5 所示。

表 2-1-5　活动表现评价

评价项目	完成		没有完成
	良　好	有待提高	
①语气、语调和吐词清晰度			
②保持客气和礼貌			
③灵活使用电话技巧			
④不打断客户谈话			
⑤记录			
⑥立即接听电话(铃响 3 声之内)			
⑦报出公司名称、自己的姓名并提供帮助			
⑧在对话过程中询问并称呼客户的姓名			
⑨对于老客户,应确认客户信息			
⑩通过提问,弄清楚客户担心的问题或服务需求			
⑪根据工时定额表和维修站的工作负荷报上预估的交车的日期和时间			
⑫向客户解释需要做的工作内容(如果适用)			
⑬重复客户预约的相关信息			
⑭如果是大修,则报上预估的服务费用,包括工时费和零件费			
⑮提出问题,以确认客户理解具体事宜			
⑯向客户致谢,结束通话			
其他表现:			

/任务二/　客户接待和车辆预检

[任务目标]

- 能叙述接待准备的具体事项。
- 能叙述客户接待的主要内容及流程。
- 能叙述接待环节的关键点。
- 能叙述客户接待过程及应对方法。
- 能叙述车辆预检过程。
- 能够使用维修服务接待工作的标准流程对已预约的客户进行现场接待。
- 能够使用维修服务接待工作的标准流程对未预约的客户进行现场接待。
- 能够使用维修服务接待工作的标准流程对有故障车的客户进行现场接待。

[任务引入]

何先生购置了一辆车,他平时非常在意车辆的使用和维护。根据维护手册的说明,何先生想给他的爱车进行 5 000 km 的维护。他希望 4S 店的工作人员能热情地接待他,倾听他的想法和要求;能爱护他的车辆,以专业的方法对车辆进行维修维护;价格要合理,附带列出相关费用的清单。

[任务准备]

一、客户接待基本知识

1.接待的重要性

"接待"是服务顾问给客户留下良好第一印象的"关键时刻"。迅速、热情、友好、专业的接待能够体现对客户的尊重和关心,给客户留下深刻的印象,赢得客户的信赖,建立良好的互动关系,提升客户的满意度。

2.接待环节客户的期望

在接待环节,客户的期望如下:服务顾问能迅速出迎、热情服务,让客户感到自己受到尊重,被服务顾问公平对待。作为服务顾问,了解客户的这些期望对提高客户的满意度很有帮助。

二、接待准备

1.硬件和人员准备

(1)硬件准备

硬件准备主要包括预约工位、工位工具/特殊工具、工位工具箱、工具推车、辅料推车、预约管理看板、预约汇总表、预约欢迎看板。

（2）人员准备

人员准备主要包括了解每日预约信息,填写客户预约欢迎看板,安排每日车间工位和工具配备,了解所需配件的库存情况,核对预约进店落实情况,每周进行一次汇总。

准备工作包括前台准备和车间准备两部分,具体流程如图 2-2-1 所示。

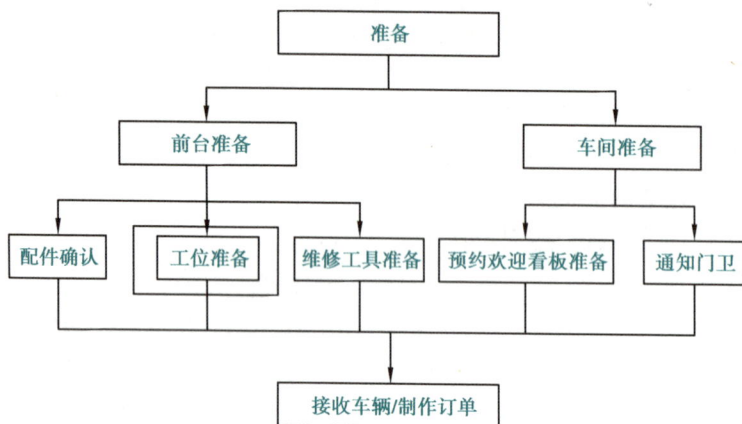

```
                        ┌──────────┐
                        │   准备   │
                        └────┬─────┘
                 ┌───────────┴───────────┐
          ┌──────┴──────┐         ┌──────┴──────┐
          │  前台准备   │         │  车间准备   │
          └──────┬──────┘         └──────┬──────┘
        ┌────────┼────────┐      ┌───────┼────────┐
   ┌────┴───┐┌───┴───┐┌───┴────┐┌─┴──────────┐┌───┴────┐
   │配件确认││工位准备││维修工具 ││预约欢迎看板 ││通知门卫 │
   │        ││       ││  准备   ││   准备      ││        │
   └────────┘└───────┘└────────┘└────────────┘└────────┘
                        ┌────┴─────┐
                        │接收车辆/ │
                        │ 制作订单 │
                        └──────────┘
```

图 2-2-1　准备流程

2.接待准备的具体事项

1）车间的准备

（1）备件确认

配件部收到预约单后,查看所需配件的库存情况。

建议在靠近配件仓库出口处另设一货架,专门存放次日预约车辆所需的配件,以提高配件领取效率。

如发现所需配件有缺货或库存量低于最低备货量,配件经理尽快制作配件采购订单,也可请求周边经销商或维修站调配配件,并确定到货时间。

如配件预估到货时间未到货,配件经理须将相关情况反馈给预约单所对应的服务顾问,由服务顾问通知服务经理,再由服务经理向客户说明情况。

（2）工位准备

快速专业维护工位（以下简称"快保工位"）可作为预约工位使用。车间主管收到预约单后,根据预约时间通知相关维修小组或技师。维修小组组长或技师需了解当日的预约车辆台次、进店时间及服务项目,需关注预约单上有特别标记的客户。

车间当日接到售后服务顾问的预约确定通知后,尽量在预约时间空出预约工位并完成清洁工作,等待预约客户到来。如无法预留工位,则需确保预约客户的优先工位使用权。

建议工位上方额外悬挂"预约工位"标志牌。客户车辆超时未进入工位,或超时 15 min 后仍未接到售后服务顾问的预约确定通知,车间主管需及时主动通知售后服务顾问,取消预约并安排维修小组和工位接待其他车辆。

（3）维修工具准备

车间技师要确保每个快保工位均配备有一套完整的维修工具,工具按照日常使用频次从高到低的顺序摆放在工具推车第一层上。无作业任务时,工具推车必须摆放在工位右上角落位置,维修小组或技师须定时对工具推车进行整理,确保工具摆放整齐,能够正常使用。

2）前台准备

（1）预约欢迎看板准备

服务经理在下班前将次日预约车辆信息填写在预约欢迎看板上,预约欢迎看板填写信息包括车牌号、客户尊称。

服务经理负责填写预约欢迎看板,并根据实际情况及时更新,确保每天开工前,预约欢迎看板内容全部填写完毕,且无遗漏、无错误。建议预约欢迎看板放置在客户一进店即可清楚看到的位置。

（2）通知门卫

客户关爱专员将预约汇总表一联在下班前交至门卫处,并提醒门卫保安留意预约汇总表上有特别标记的客户。

三、客户接待主要内容及流程

1.客户接待主要内容

客户接待贯穿整个维修接待流程,按照接待中的先后顺序,主要进行的工作流程如下:欢迎和了解客户需求、车辆防护、预检和问诊、环车检查、与客户确定维修项目和维修时间及价格、核对客户信息、建立并打印维修委托书、五项确认和客户签字、安排客户休息。

2.客户接待流程

客户接待环节的流程如图 2-2-2 所示。

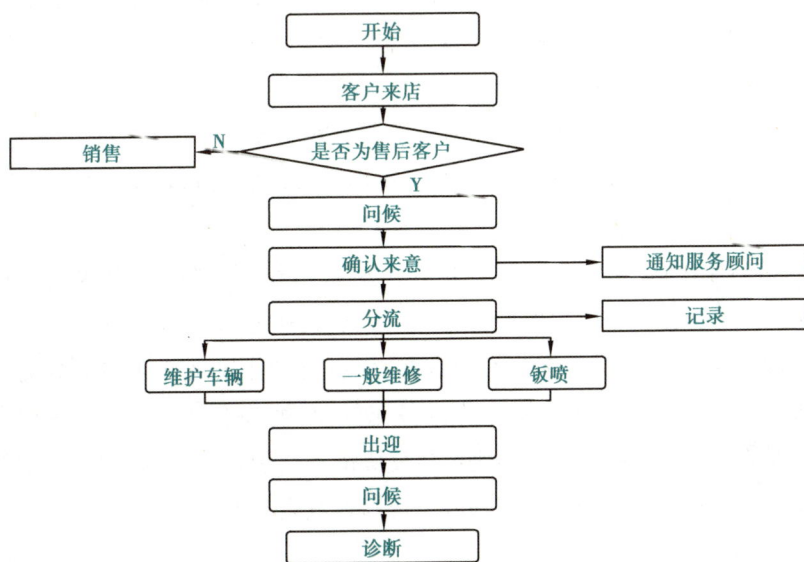

图 2-2-2　客户接待的流程

四、接待环节的关键点

客户接待环节的关键点有 3 个：指引、引导和迎接。指引通过行礼、初步确认完成；引导通过问候、确认来意、通知、分流完成；迎接通过出迎和问候完成。

该环节的变化点有服务顾问按作业类别、专业分工接待两个环节。环节增加点有示意停车、表示欢迎、客户询问作业类别、按作业类别。引导车辆停入接待工位、贴座椅定位贴。

接待环节主要的关键时刻如下：

入口至接待处指示是否明显；入口处是否设有明显的指示标牌，标牌是否清晰易懂；是否备有足够的停车位；对客户是否能做到笑脸相迎，亲切问候；对刚到业务接待大厅的客户，是否能于 1 min 内接待；如有问题，客户是否知道应该对谁提出；业务接待是否能够诚心诚意地认真听取客户的要求；谈话中断的时候，是否向客户说明理由；业务接待是否能对客户提出的服务内容进行再度确认以保证真正理解；业务接待在最忙碌时是否能够及时应对客户的要求；检查车辆时，是否当着客户的面使用四件套；是否向客户确认有无贵重物品或遗留物；业务接待是否做到与客户一起对照车辆，环车检查，写出可以看到的服务需要并就此与客户进行商量；如果顾虑太多，是否能请车间主任出面帮忙；业务接待能否做到倾听客户的问题，与客户一起发现问题。

五、客户模式的区分

服务顾问通过热情和周到的接待活动可以建立客户信息档案，通过接待可以了解客户的行为类型，从而调整自己的行为类型。

服务顾问需要学习一定的客户模式的知识，这样可以从客户的行为上确定客户属于哪一类模式，进而有针对性地进行接待。

（1）从性格上区分

从性格上区分，客户可分为开朗型和内向型。开朗型客户喜欢与别人分享他们的感情、情绪和想法，内向型客户喜欢将他们自己感情、情绪和想法保留起来而不对外讲述。

（2）从作决定的行为上区分

从作决定的行为上区分，客户可分为主导型、分析型和交际型。主导型的客户性格开朗并且喜爱作决定，且决定得很快。他们时常处于人们的中心，喜欢讨论他人，知道自己想得到什么及如何去得到。分析型的客户性格内向，但也喜欢作决定。他们不对别人谈及他们的目的，但却暗中努力实现；对自己的工作准备充分，对细节十分关心。交际型客户性格开朗，对想要达到的目标不明确。他们的决定与反应都是从别处得到的，他们喜欢被其他人所喜爱，也称友好型。不同类型的客户识别方法可以参看表 2-2-1。

表 2-2-1　不同类型的客户识别方法

主导型	分析型	交际型
"我怎样才能分辨出客户属于哪种行为类型"		
语气强硬 充满攻击性 自信 爱表现自己 充满战斗精神 蔑视他人 喜欢时髦的服饰及佩戴装饰品	性格内向 封闭型 很有主见 喜欢穿合适的、正式的服装	性格开朗 对人友好 总有不确定感 对他人的事情很感兴趣 喜欢交谈 喜欢舒适的衣服
交流方式		
声音大 使用生动的语言 使用较多的身体语言 强烈的眼神交流 使用"你必须……"句式 使用"这就是事实"	沉默 较少的眼神交流 说话有根据 使用"你不认为……"句式	微笑 有身体语言 有眼神交流 害羞 使用"哇哦" 使用"太好了" 使用"我不知道"
办公室的布置		
显赫的 尽量大 时髦的家具	实用的 功能化的	舒适的 放有家庭的照片
我们对于这些行为的一般反应是什么		
抗拒 逃避 变得充满攻击性	讲过多的话 虚张声势	不耐烦 过分逼迫对方
我们对上述行为最理想的反应是什么		
表示尊敬 略微表现出主导性的行为	争论时有事实根据 给出详细的回答 能保持沉默	支持 表示友好 说话紧扣重点

　　针对不同类型行为的客户,服务顾问应有不同的应对方法,可以参照表 2-2-2 执行。

表 2-2-2　不同类型行为客户的应对方法

各个阶段	主导型	分析型	交际型
开场	表示尊敬 避免开战	过程要简短 不要涉及个人情况	表示友好 让客户说话 对客户表示欣赏
需求评估	不拘泥于细节 快速通过	寻找细节与事实 注重理性动机	寻找感性动机 帮助客户寻找答案
产品展示	突出产品独特的卖点 介绍最新的款式	致力于产品的实用性 突出物有所值	展示与感性动机相联系的产品特性 运用个人的使用经历作为参考 寻求反馈
处理抗拒和结尾	和气洽谈 一点点的谈判	提供消息	支持 处理对方不确定的因素
跟踪服务	偶尔的	有计划的	经常的

服务顾问通过接待,可了解客户的行为并调整自己的行为,让客户进入心理舒适区。

六、客户接待过程及应对方法

1.迎接客户

当客户开车来到维修站时,保安人员应礼貌问候并指引客户停车,同时用电话通知服务顾问。服务顾问见到客户后应第一时间向客户表示主动、热情的问候,如图 2-2-3 所示。这样做的目的是为接待工作创造愉快的气氛,使客户能够感受到热情、友好的氛围,尽快帮助客户进入心理舒适区。

图 2-2-3　保安的迎接

（1）任务

服务顾问的任务是让客户感受到自己的热情与真诚,为建立客户的信任和消除客户原本可能存在的不满情绪打下基础。

（2）操作步骤与要点

服务顾问的热情和真诚应发自内心,不可做作和功利。服务顾问在接待区见到客户必须起立迎接且进行问候;在停车区见到客户应主动问候并指引停车,如图2-2-4所示。

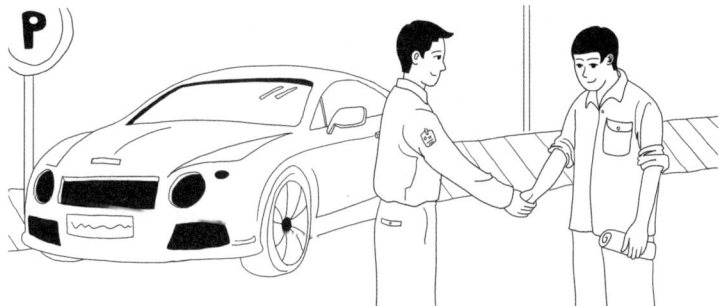

图 2-2-4　主动问候客户

对初次见面的客户,服务顾问应主动进行自我介绍并双手递上名片,如图2-2-5所示。

图 2-2-5　服务顾问的自我介绍

（3）标准动作示范

服务顾问应面带微笑,双手握于腹前,身体略往前倾,要有眼神沟通,需要引导客户时用手势进行指引。

（4）标准语言示范

服务顾问应使用礼貌的语言,如"您好,欢迎光临。""早上好。""您好,请坐。""您好,很高兴为您服务。""您好,我是服务顾问×××,请问有什么可以帮助您的?"

（5）高峰时间的处理

当遇到接待高峰,客户的等待时间超过10 min时,作为服务顾问应该及时通知售后业务经理或者服务经理,抽调人手参与接待工作。服务顾问应主动与等待的客户打招呼,例如:"先生,您先坐一会儿,再有几分钟就轮到您了。"

（6）服务经理和服务顾问应该采取多种措施应对接待高峰

这些措施包括:售后业务经理或者服务经理参与接待客户;客户关系顾问可以负责欢迎和引导客户,安抚客户情绪;有些诊断工作和试车可以移交给车间处理;技术专家参与对客户车辆的诊断;可以先开具手写工作单据,事后再录入 DMS(经销商管理)系统。

2.客户需求分析

服务顾问主动问候客户后应马上询问客户的需求。这样做的目的是根据客户的需求尽快进行相应安排。了解客户需求的过程称为需求分析。

需求分析是顾问式服务过程中非常重要的一环。通过分析客户需求和期望,了解符合客户潜在需求的产品和服务。需求分析也称为确定客户需求或者评估客户需求。根据销售的三要素可知,需求是构成销售的第一要素,如果不了解客户的真实购买需求,不根据客户的需求进行有针对性的服务和产品销售,销售成交的机会不大。

需求分表面需求和深层次需求两种,客户说出来的往往是表面的需求,就像仅露出水面的冰山一角(表面需求),其实客户的更大需求或者让其作出购买决定的需求往往是水下的"冰山"(深层次需求),这就是客户需求的冰山理论,如图 2-2-6 所示。

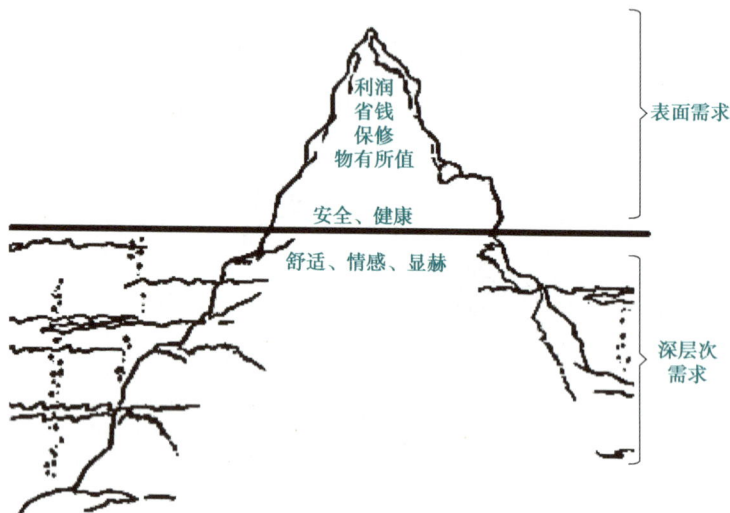

图 2-2-6　需求的冰山理论

在进行需求分析之前,服务顾问首先要理解构成需求的 5 个方面:客户的目标和愿望、客户的困难和难题、客户的解决方案、客户购买的产品或服务、客户对产品或服务的要求和标准。

服务顾问在进行需求分析时,要更加关注客户的目标和愿望、客户的困难和难题,不要在客户购买的产品或服务上进行纠缠,这也是需求分析的意义和价值所在。

需求分析的方法主要是提问和积极式倾听。

(1)提问

通过提问可以引出话题,给出对话方向,鼓励对话方的参与;可以建立客户的信心,使客户有一种被重视、被认同和找到知音的感觉;可以表示出兴趣与同情,使合作关系更融洽。

提问有两种:开放式提问和封闭式提问。

开放式提问往往用来收集信息,帮助客户说出他自己的处境、生活和需求,有助于业务接待更好地评估客户的需求,获得更多的信息。例如:"您想要什么样的脚垫?""您几时取车?""为什么不想解决空调压缩机异响?""您说的行车异响具体是指哪里?""谁跟您说的5 000 km不需要做维护?"

封闭式提问用来询问特定的信息,具有引导性,对理解、确认、阐明主题十分有用。例如:"我们是否将4条轮胎做一下调位?""您是今天取车还是明天取车?""您可不可以告诉我您的通信地址?"

(2)积极式倾听

积极式倾听的要求:听话不要听一半;不要把自己的意思投射到别人所说的话上面;理解客户的意思,帮助客户找出他们自己的需求。

积极式倾听中的技巧主要有探查和复述。探查是对谈话者所说的话题或听者所关心的话题进一步提问,主要有详细式探查、阐明式探查、重复式探查、复述深入式探查4种。复述是将听到的信息反馈给谈话者,同时表达已理解并接受对方的意思。

(3)正确的对话技巧

在需求分析环节要学会用正确的对话技巧,这样可以进行快速有效的沟通,准确把握客户的需求。

常见的对话技巧:使用客户能理解的语言,使用清晰简单的句子,话不要讲一半,平静而又自信地传递信息,交谈时紧扣重点,表现出同情心,对客户的不同意见表现出友好的态度,通知客户时意思表达清晰,提供给客户正确的建议,确认客户的陈述。

(4)需求分析的关键环节

需求分析的关键环节:是否运用提问与倾听的技巧了解客户需求;是否有向客户建议了本企业的服务项目;是否说明本企业的维护与维修的好处;当配件库存不足时,是否能告知客户将以最短时间来订购配件;是否想方设法快速而准确地制作报价单;本企业的价格是否合理,是否物超所值;是否对报价进行详细的分析,以备应对客户;是否对维修进行估价,并事先提示客户,如有不明白的地方一定要向客户问清楚;为了使客户清楚价格以及经营的服务内容,是否在接待处加以明确标识;在受理时是否确认了与客户的联系方式。

(5)需求分析的任务

尽可能快地了解客户此行的目的并作出相应的安排或指引。

(6)需求分析的操作步骤与要点

客户到维修站的目的是维修、维护、购买精品、购买保险、参加活动、咨询等。在了解了客户明确的需求后,能够快速有效地进行指引和安排。

服务顾问询问客户时注意聆听,不要强加自己的主观意识,分清客户的主要目的和次要目的,避免思维定式、主次不分。客户有时会忘记部分需求,服务顾问可进行主动提示。

七、车辆预检过程

1.车辆防护

在初步了解客户需求之后,如果判定客户车辆需要进行维修或维护操作,服务顾问应在第一时间对客户车辆进行防护,如图 2-2-7 所示。这样做的目的是体现出对客户车辆的重视,体现着对售后服务顾问对客户的关心和尊重,使客户感觉舒适。

图 2-2-7　车辆防护

2.车辆预检

许多客户到 4S 店来不仅仅是为了维护车辆,也不一定有很明确的维修要求,他们到 4S 店或许只是觉得车辆在某些方面可能有问题。这就需要服务顾问能够通过问诊和车辆预检发现问题,再从专业的角度为客户提供维修建议,或者消除客户的疑虑。高效、准确的问诊和预检工作能够帮助服务顾问从一开始就发现客户车辆的问题,从而避免反复与客户沟通浪费时间,提高一次性修复率。

（1）预检的重要性

通过预检,能发现是否还有其他新增维修项目,从而进行服务营销,增加单车产值。因此,服务顾问应仔细地预检。

（2）客户对预检的期望

在预检环节,客户希望服务顾问能仔细倾听其关于车辆故障的描述和维修需求,服务顾问应认真、专业地主动询问,当面做进一步的实车检查,从而主动检查出车辆的其他故障问题。了解客户的这些需求,对做好诊断工作、提升客户的满意度至关重要。

（3）预检环节流程图

预检环节的流程如图 2-2-8 所示。

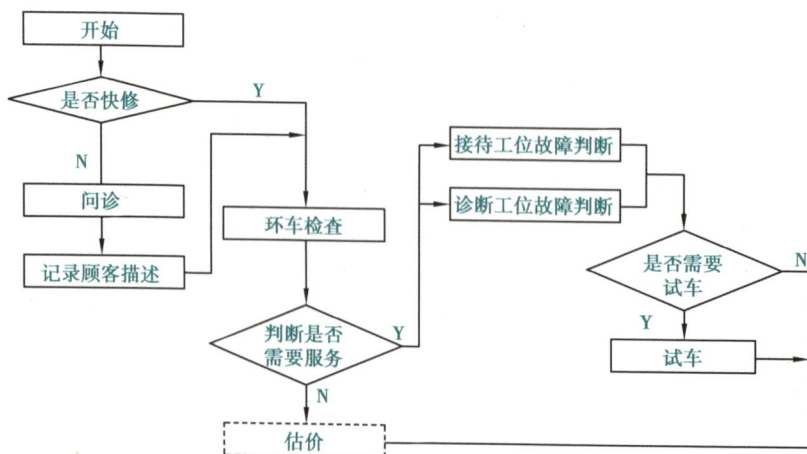

图 2-2-8　预检流程图

（4）预检任务

通过预检，发现车辆存在的潜在问题，同时建议客户进行修理。

（5）操作步骤与要点

当客户抱怨车辆有问题而不能直接判断时，或当车辆是使用年限超过 2 年、车况较差的报修车辆时，服务顾问要积极地预检。

车辆预检的方法：对车辆年限超过质保期的车辆，应该按照《车辆入场检查》文件的要求进行检查；对客户抱怨有问题的车辆，应该根据客户的描述重点检查，必要时可寻求技术专家的帮助；可以充分利用预检工位的举升机进行检查，特别是进行车辆底部的检查。

（6）环车检查

在正式确定维修内容之前，服务顾问需要和客户一起对车辆进行仔细检查。这样做的目的是和客户共同确认问题并记录车辆情况，帮助客户了解自己车辆的基本情况，保证客户在取车时车辆情况与送检时保持一致。

①任务：服务顾问快速对车辆外观、内饰、发动机舱和后备厢进行检查，对发现的问题应及时告知客户并提供相应的解决方案。

②操作步骤与要点：环车检查的主要步骤是检查车内、车外外观，轮胎，发动机室，后备厢。对检查中发现的问题必须客观准确地告知客户并准确地记录在工单上。环车检查也是服务销售的过程，严禁夸大问题。

③环车检查的路线：在进行环车检查时，服务顾问最好带领客户沿着一定的路线和方法进行环车检查，这样可以大大节省时间并且做到不遗漏检查部位。环车检查一般按照六个方位进行，如图 2-2-9 所示。

图 2-2-9 六方位环车检查

建议环车检查路线：从左前门开始，首先打开左前门，查看里程数并打开发动机舱盖；然后检查左前翼子板、车辆前部、发动机舱、右前翼子板、右前门、右后门、右后翼子板、车辆后部、后备厢、左后翼子板、左后门、左前门。检查车辆内部时，视线要从上到下，特别是要注意检查保险杠下部、轮胎及轮毂、车门槛下部、后视镜等容易忽视的地方。

④检查的主要内容：车身外部，即车身漆面（是否损伤）、玻璃、后视镜、轮胎、大灯和尾灯、天线、车标等，如图 2-2-10 所示。

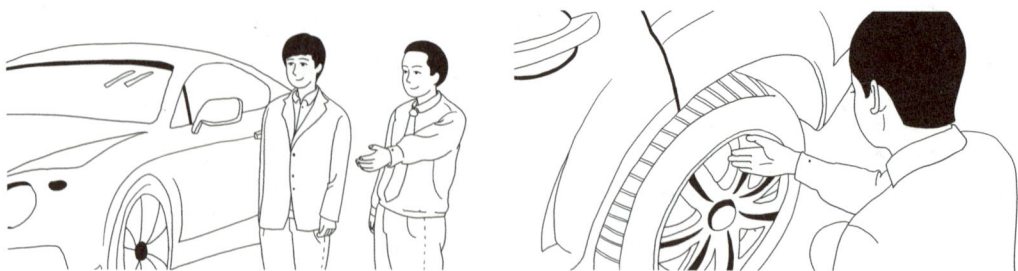

图 2-2-10　车身外部检查

车身内部，即座椅、仪表板、仪表警示灯、油量、里程、按钮、控制面板等，如图 2-2-11 所示。

图 2-2-11　车身内部检查

发动机舱，即各种油位、液位，发动机状况，水箱等，如图 2-2-12 所示。

图 2-2-12　发动机舱检查

后备厢，即随车物品、备胎、随车工具等，如图 2-2-13 所示。

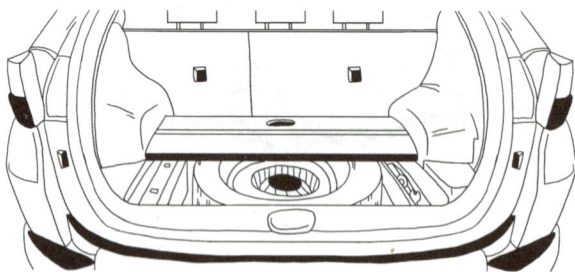

图 2-2-13　后备厢检查

特别需要提醒的是，服务顾问在检查中发现的任何问题都应该给客户指出来，如车身划痕，如图 2-2-14 所示。这些问题还应在维修委托书上注明，请客户签字确认，这样可以避免交车时出现纠纷。

图 2-2-14　车身划痕检查

在预检过程中要注意使用环车检查预检单,如图 2-2-15 所示。

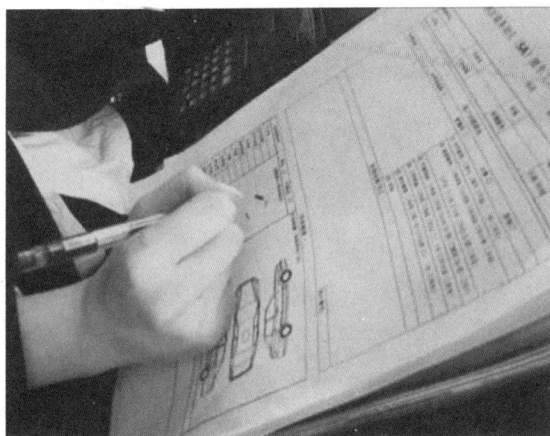

图 2-2-15　环车检查预检单

3.同客户确定维修维护项目

经过初步诊断,服务顾问应确立维修维护项目,并向客户介绍维修维护项目。在介绍维修维护项目的过程中,服务顾问要善于用销售的思维与客户进行交流,这样可以更好地促进客户认可维修维护项目,为顺利签订维修工单奠定基础。

4.预算与报价

1)维修费用预算

服务顾问在业务接待过程中通常要对客户保修项目的维修费用进行初步的预算。因此,服务顾问要了解汽车维修相关费用的制定依据,熟悉企业的收费规范,对维修费用进行预估,对维修项目进行介绍,减少或避免价格争议,进而提高客户满意度。

(1)汽车维修价格预算定义

维修价格预算是指汽车维修企业作为承修方与托修方在签订汽车维修合同之前,根据汽车维修前技术状况的鉴定,对所列出的维修项目进行维修费用的估算。

(2)汽车维修价格预算的流程和依据

汽车维修价格预算时,先由汽车维修企业的服务顾问或专职检验员进行待修车的进厂检验和检测工作,认真听取托修方对车况的陈述,做必要的检验和不解体检测。

介绍维修方案,与托修方共同确定维修项目,再根据所列的项目清单,确定维修工艺过程中所牵涉的工种,预计所需更换的材料费和加工费。

根据维修工时定额规范及本企业收费规范,计算出维修预算总费用。

(3)汽车维修预算对维修服务的影响

①如果维修预算费用严重超过实际维修的费用,托修方就会考虑找别的厂家,而维修企业就会失去该项业务。

②如果维修预算费用比实际维修的费用少很多,在维修过程中也没有正当的理由去向托修方解释,托修方在维修结算时就会产生意见,造成承托双方的价格纠纷。

2)维修费用报价

通过需求分析,向客户提供具有可行性的选择方案及报价,找出并解决问题,确定交修时间,最终取得客户承诺,这是交修确认的目的。交修确认主要包括报价、找出并解决问题、取得客户承诺几个环节。

(1)报价

价格是客户很关注的因素,也是决定其是否购买维修维护服务的关键因素,恰当的报价方法可以使客户较好地接受服务顾问的报价。

常见的报价方法有以下几种:

①"三明治"式报价:首先总结出你认为最能激发客户热情的针对客户的益处,这些益处应该能够满足客户主要的购买动机;然后清楚地报出价格;最后强调一下你相信能超过客户期望值的针对客户的益处。

②"价格最小化"法报价:将总报价分配到细小处,让客户不觉得太多。

③"价格比较化"法报价:将报价和其他客户易于接受的事情进行比较,进而接受报价。

④"将价格转化为投资额"法报价:将报价转换为客户的投资,从侧面打消客户的疑虑。

⑤"制作资产负债表"法报价:将报价转换为资产负债,从而打动客户。

⑥"增加效益法"法报价:将报价和客户获得的效益进行结合,让客户觉得划算。

(2)找出并解决问题

当服务顾问要寻求客户认同时,如果客户的回答是"我再考虑考虑",可能意味着存在下面的问题:竞争者更合适(信心),比想象中的还贵(购买力或需求),想讨价还价(购买力),认为不需要(需求),负担不起(购买力),做不了决定(购买力或信心),未能使客户信服(信心或需求)。针对这种问题,服务顾问要本着为客户服务的态度,以获得正确、双赢的结果。同时,要善于抓住客户的购买信号,客户询问价格、砍价、询问何时交工,或客户点头、微笑、身体前倾、仔细研究维修单、在纸上计算时,往往就是客户的购买信号。

(3)取得客户承诺(交修确认)

经过产品和服务介绍及报价后,如果客户还在犹豫,服务顾问要采用一定的方法取得客户的承诺。

（4）交修确认和维修环节中的关键点

该环节的关键点：维修作业是否能马上开始；不能马上开始维修作业的时候，服务顾问是否向客户说明其原因；服务顾问是否时常确认正在等待的客户的情况，并与客户保持联系；服务顾问是否特别重视维修索赔等需要注意的车辆的服务情况；有无人员关心休息厅内的客户；服务顾问是否非常小心仔细地对待客户的车；在修理过程中，维修人员是否能留心发现新增维修问题并及时与相关人员沟通；免费修理时，服务顾问是否能记得向客户解释说明过哪些是免费修理的地方，并能给客户带来什么好处；维修技工、检查人员的说明或特别标记的事项，服务顾问是否记录进了派工单；检查比预定时间推迟时，维修人员是否通知了服务顾问，服务顾问是否与客户取得了联系等。

（5）估价的重要性

估价流程是标准服务流程中的重要环节。此环节中，服务顾问应将维修时间和所需费用逐项解释清楚，展现出专业、诚信、负责的态度，履行对客户的承诺，建立客户对企业的信赖感，为之后流程的顺利进行打下坚实基础。

（6）客户对估价环节的期望

在估计环节中，客户有如下期望：服务人员有友好的服务态度，能够以专业的方式解释车辆的问题，能准确地给出修理的时间和合理的价格。了解了这些期望，对在报价环节中提高客户的满意度是非常有用的。

（7）估价流程

估价的流程图如图 2-2-16 所示。

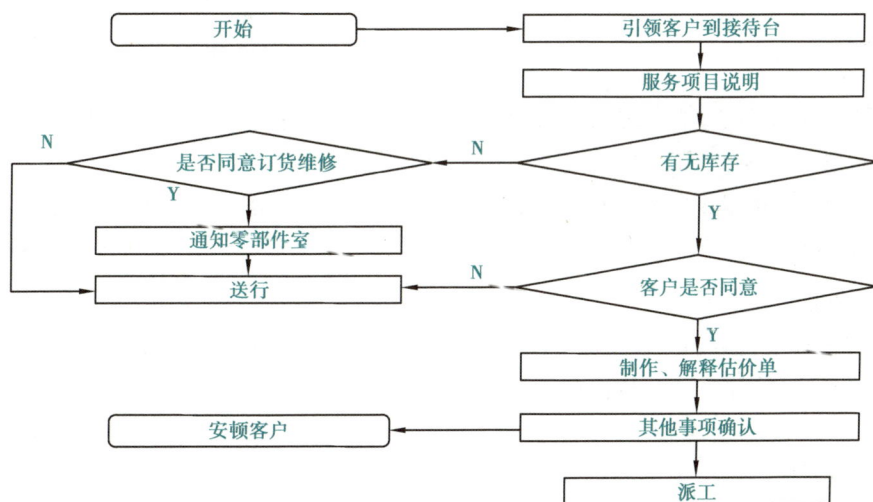

图 2-2-16　估价的流程

（8）客户没有签约

如果客户没有签约，服务顾问也不要沮丧，更不要记恨客户。相反，服务顾问应该记住如下情况：客户现在说"不"，不等于永远说"不"，要保持与客户的联系。客户可能对服务本身并不十分满意,但他会对服务顾问接待的整个过程十分满意,并对与服务顾问一起相处的这段时间感到十分高兴。

(9)客户签约

客户签约当然是成交了一项业务,服务顾问应该很高兴。但是,在高兴之余还应该注意如下原则:不应因为得到签约而兴奋异常,这样会给客户带来一种输了的感觉。我们应帮助客户确信他作了正确的选择。

5.制作维修工单并请客户确认

在客户认可维修维护工作之后,服务顾问应核对客户信息、建立维修委托书、打印维修委托书,将确认内容形成纸质合同(维修委托书)。这样做的目的是可以形成正式合同。

6.安排客户休息

维修委托书确认完毕后,服务顾问要根据客户的需要安排客户休息或离店。这是很重要的工作,不理睬客户会使客户不知所措,重新陷入心理焦虑区。

服务顾问可以说:"请您到休息区休息一下,我们会尽快为您的车进行维修,有问题我们会及时通知您。"

7.客户交接

客户交接主要是当客户在店内等待时,服务顾问引领客户到客户休息室,向休息室服务人员介绍客户。

客户交接操作标准:由休息室服务人员迎接客户,问候客户并做自我介绍,服务顾问介绍客户。

8.过程关怀

在车辆维修过程中,如果时间较长,服务顾问要对客户进行过程关怀。该环节操作目的主要是了解维修进度、关怀客户。

注意事项:车辆维修若无法准时完成,服务顾问需了解原因及提出应对方案;服务顾问应与客户保持至少一次互动。

9.增项处理

在维修过程中,如果发现客户的车辆存在其他问题,要及时通知并提醒客户,在征得客户的同意并确认后,才可以进行修理。

[任务实施]

活动一   已预约的客户服务接待

一、活动前的准备工作

活动前的准备工作如表 2-2-3 所示,将学生分成 4 组进行。

表 2-2-3 活动前的准备工作

序 号	名 称	数 量	单 位	备 注
1	汽车	4	辆	根据本校实际情况选择车型
2	维修接待台及椅	4/8	个/把	
3	洽谈桌及椅	4/8	个/把	
4	收银台及椅	4/8	个/把	
5	饮水机	4	台	
6	饮料、纸杯	若干	瓶/包	
7	接车板夹	8	个	
8	笔	8	支	
9	计算机	4	台	
10	打印机	4	台	
11	白手套	2	副	
12	三件套	若干	套	
13	维修保养手册	4	本	
14	计时器	4	个	

二、活动描述

（一）主题

客户已预约来店进行 40 000 km 定期维护，服务顾问要进行现场接待。

（二）角色扮演的学习目标

完成该角色扮演之后，服务顾问能够按照维修服务接待工作的标准流程做好对客户的服务工作。

（三）角色扮演的目的

服务顾问能将客户关心的问题成功填写到派工单上并满足客户期望。

（四）情景

客户汪先生预约 40 000 km 定期维护。他想要了解其车辆 40 000 km 定期维护服务内容的详细信息。

（五）车辆信息

车辆型号：×××。

里程:39 999 km。

购买日期:2014 年 7 月 2 日。

(六)客户要求和期望

①客户想要了解 40 000 km 定期维护服务内容的详细信息。

②客户想在当天 18:00 下班回家路过时来取车。

③客户想用经销商会员卡支付,这样客户可享受维修/保养工时 8 折优惠。

④客户没有其他担心的问题。

(七)客户角色的要求

角色扮演中,除非服务顾问特别要求,否则客户不要提供下列信息。

①有预约。

②想要了解 40 000 km 定期维护服务内容的详细信息。

③想在当天 18:00 下班回家路过时来取车。

④想用经销商会员卡支付,这样可享受维修/保养工时 8 折优惠。

⑤没有其他担心的问题。

(八)观察员角色的要求

观察员要明确客户要求和期望,重点观察服务顾问是否注意到了下面的内容和细节。

①客户有预约。

②客户想要了解 40 000 km 定期维护服务内容的详细信息。

③客户想在当天 18:00 下班回家路过时来取车。

④客户想用经销商会员卡支付,这样客户可享受维修/保养工时 8 折优惠。

⑤客户没有其他担心的问题。

(九)模拟实施

根据以上描述和要求模拟该活动的角色扮演。

活动二 未预约的客户服务接待

一、活动前的准备工作

活动前的准备工作如表 2-2-4 所示,将学生分成 4 组进行。

表 2-2-4 活动前的准备工作

序 号	名 称	数 量	单 位	备 注
1	汽车	4	辆	根据本校实际情况选择车型
2	维修接待台及椅	4/8	个/把	
3	洽谈桌及椅	4/8	个/把	
4	收银台及椅	4/8	个/把	

序　号	名　称	数　量	单　位	备　注
5	饮水机	4	台	
6	饮料、纸杯	若干	瓶/包	
7	接车板夹	8	个	
8	笔	8	支	
9	计算机	4	台	
10	打印机	4	台	
11	白手套	2	副	
12	三件套	若干	套	
13	维修保养手册	4	本	
14	计时器	4	个	

二、活动描述

（一）主题

客户张女士事先没有预约,突然来店修理她车辆的空调。服务顾问要进行现场接待。

（二）角色扮演的学习目标

在完成该角色扮演之后,服务顾问能够使用经销商的客户应对标准流程来应对客户。

（三）角色扮演的目的

服务顾问能将客户关心的问题成功填写到派工单和诊断工作单上,并能事先解释要完成的工作和预估维修费用。

（四）情景

客户张女士没有预约,但想要修理她车辆的空调。她的车辆超出保修条件(保修条件为50 000 km 或 3 年,以先到者为准)。

（五）车辆信息

车辆型号:×××。

里程:642 362 km。

购买日期:2011 年 6 月 28 日。

（六）客户问题和期望

①空调在发动机启动后会提供一会儿冷风,即使在极热的天气也是如此。

②在发动机暖机之后空调不能很好地制冷。

③在任何天气情况下都是如此。

④客户在一周前注意到这种情况,而且情况看起来越来越糟糕。

⑤其他功能正常,如风扇速度控制、风扇模式控制等。

(七)客户角色的要求

在角色扮演过程中,除非服务顾问特别要求,否则客户不要提供下列信息(每个问题可提供一条相应的信息)。

①空调在发动机启动后会提供一会儿冷风,即使在极热的天气也是如此。

②在发动机暖机之后空调不能很好地制冷。

③在任何天气情况下都是如此。

④客户在一周前注意到这种情况,而且情况看起来越来越糟糕。

⑤其他功能正常,如风扇速度控制、风扇模式控制等。

(八)观察员角色的要求

在演练过程中,观察员要清楚客户的要求和期望,并重点观察服务顾问是否遗漏了下列要点:

①空调在发动机启动后会提供一会儿冷风,即使在极热的天气也是如此。

②在发动机暖机之后空调不能很好地制冷。

③在任何天气情况下都是如此。

④客户在一周前注意到这种情况,而且情况看起来越来越糟糕。

⑤其他功能正常,如风扇速度控制、风扇模式控制等。

(九)模拟实施

根据以上说明和要求模拟该活动的角色扮演。

活动三　制动系统制动器噪声故障服务接待

一、活动前的准备工作

活动前的准备工作如表 2-2-5 所示,将学生分成 4 组进行。

表 2-2-5　活动前的准备工作

序　号	名　称	数　量	单　位	备　注
1	汽车	4	辆	根据本校实际情况选择车型
2	维修接待台及椅	4/8	个/把	
3	洽谈桌及椅	4/8	个/把	
4	收银台及椅	4/8	个/把	
5	饮水机	4	台	
6	饮料、纸杯	若干	瓶/包	

续表

序　号	名　称	数　量	单　位	备　注
7	接车板夹	8	个	
8	笔	8	支	
9	计算机	4	台	
10	打印机	4	台	
11	白手套	2	副	
12	三件套	若干	套	
13	维修保养手册	4	本	
14	计时器	4	个	

二、活动描述

（一）主题

客户车辆底盘制动系统制动器工作时发出异常噪声。服务顾问对客户车辆进行接待。

（二）角色扮演的学习目标

在完成该角色扮演之后，服务顾问能够使用经销商的客户应对标准流程来接待客户。

（三）角色扮演的目的

在预检之后，服务顾问能让客户在派工单上签字。

（四）情景

在试车之后，服务顾问向客户解释本企业将要完成的工作、需要的费用和交车时间。

（五）车辆信息

车辆型号：×××。

里程：38 221 km。

购买日期：2014 年 11 月 28 日。

（六）客户车辆问题和客户期望

①制动器产生很大的摩擦噪声。

②听起来像金属与金属的摩擦噪声。

③摩擦噪声是从汽车前部的下方发出来的。

④噪声仅是在制动时出现。

⑤自从该噪声出现以后，客户感到制动比以前更费力。

⑥客户在一周前就注意到该噪声。

⑦客户想知道是否应该紧急检查该噪声问题。

（七）客户角色的要求

在角色扮演过程中,除非服务顾问特别要求,否则客户不要提供下列信息。

①制动器产生很大的摩擦噪声。

②听起来像金属与金属的摩擦噪声。

③摩擦噪声是从汽车前部的下方发出来的。

④噪声仅是在制动时出现。

⑤自从该噪声出现以后,客户感到制动比以前更费力。

⑥客户在一周前就注意到该噪声。

⑦客户想知道是否应该紧急检查该噪声问题。

（八）观察员角色的要求

观察员要明确客户要求和期望,重点观察服务顾问是否注意到了下面的内容和细节。

①制动器产生很大的摩擦噪声。

②听起来像金属与金属的摩擦噪声。

③摩擦噪声是从汽车前部的下方发出来的。

④噪声仅是在制动时出现。

⑤自从该噪声出现以后,客户感到制动比以前更费力。

⑥客户在一周前就注意到该噪声。

⑦客户想知道是否应该紧急检查该噪声问题。

（九）模拟实施

根据以上说明和要求模拟该活动的角色扮演。

活动四　客户发动机失速问题的预检

一、活动前的准备工作

活动前的准备工作如表 2-2-6 所示,将学生分成 4 组进行。

表 2-2-6　活动前的准备工作

序　号	名　称	数　量	单　位	备　注
1	汽车	4	辆	根据本校实际情况选择车型
2	维修接待台及椅	4/8	个/把	
3	洽谈桌及椅	4/8	个/把	
4	收银台及椅	4/8	个/把	
5	饮水机	4	台	
6	饮料、纸杯	若干	瓶/包	

续表

序　号	名　称	数　量	单　位	备　注
7	接车板夹	8	个	
8	笔	8	支	
9	计算机	4	台	
10	打印机	4	台	
11	白手套	2	副	
12	三件套	若干	套	
13	维修保养手册	4	本	
14	计时器	4	个	

二、活动描述

（一）主题

一位客户的车辆出现发动机失速现象。服务顾问对该车辆进行预检。

（二）角色扮演的学习目标

在完成该角色扮演之后,服务顾问能够使用诊断工作单就发动机失速问题与客户进行沟通。

（三）角色扮演的目的

服务顾问能成功填写诊断工作单。

（四）情景

服务顾问使用诊断工作单询问客户有关现象的情况。

（五）车辆信息

车辆型号:×××。

里程:93 662 km。

购买日期:2009 年 4 月 2 日。

（六）车辆状况

客户车辆存在以下状况:

①发动机失速现象在一周前已出现。

②在暖机期间或之后的怠速工况时,发动机失速。

③发动机经过一段时间的怠速不稳,然后失速。发动机可以再次启动,但是发动机怠速时再次失速。

④清晨易启动发动机。

（七）客户角色的要求

在角色扮演中,除非服务顾问特别要求,否则客户不要提供以下信息。

①发动机失速现象在一周前已出现。

②在暖机期间或之后的怠速工况时,发动机失速。

③发动机经过一段时间的怠速不稳,然后失速。发动机可以再次启动,但是发动机怠速时再次失速。

④清晨易启动发动机。

（八）观察员角色的要求

观察员要清楚下面的车辆状况,重点观察服务顾问是否问到了下面的情况。

①发动机失速现象在一周前已出现。

②在暖机期间或之后的怠速工况时,发动机失速。

③发动机经过一段时间的怠速不稳,然后失速。发动机可以再次启动,但是发动机怠速时再次失速。

④清晨易启动发动机。

（九）模拟实施

根据上面的说明和要求模拟该活动的角色扮演。

活动五　客户车辆短促异响问题的预检

一、活动前的准备工作

活动前的准备工作如表 2-2-7 所示,将学生分成 4 组进行。

表 2-2-7　活动前的准备工作

序　号	名　称	数　量	单　位	备　注
1	汽车	4	辆	根据本校实际情况选择车型
2	维修接待台及椅	4/8	个/把	
3	洽谈桌及椅	4/8	个/把	
4	收银台及椅	4/8	个/把	
5	饮水机	4	台	
6	饮料、纸杯	若干	瓶/包	
7	接车板夹	8	个	
8	笔	8	支	
9	计算机	4	台	

续表

序　号	名　称	数　量	单　位	备　注
10	打印机	4	台	
11	白手套	2	副	
12	三件套	若干	套	
13	维修保养手册	4	本	
14	计时器	4	个	

二、活动描述

（一）主题

一位客户的车辆出现短促异响（"嘎嘎"声）现象。服务顾问对车辆进行预检。

（二）角色扮演的学习目标

在完成该角色扮演之后，服务顾问能够使用诊断工作单查清客户车辆短促异响（"嘎嘎"声）的问题。

（三）角色扮演的目的

服务顾问能成功填写诊断工作单。

（四）情景

服务顾问使用诊断工作单询问客户有关现象的情况。

（五）车辆信息

车辆型号：×××。

里程：48 072 km。

购买日期：2013 年 4 月 29 日。

（六）车辆状况

客户车辆存在以下状况：

①问题是来自前悬架前部区域的短促"嘎嘎"声。

②仅在不平路面上出现短促"嘎嘎"声。

③此现象为金属发出的短促"嘎嘎"声。

④此现象与车速和发动机转速无关。

⑤此现象与发动机暖机情况无关。

⑥在任何天气情况下都是如此。

（七）客户角色的要求

针对下面的问题，在扮演过程中如果客户没有明确的答案，只需说"不知道"。

①问题是来自前悬架前部区域的短促"嘎嘎"声。

②仅在不平路面上出现短促"嘎嘎"声。

③此现象为金属发出的短促"嘎嘎"声。

④此现象与车速和发动机转速无关。

⑤此现象与发动机暖机情况无关。

⑥在任何天气情况下都是如此。

（八）观察员角色的要求

观察员要重点了解服务顾问在遇到下面的问题时是如何应对的。

①问题是来自前悬架前部区域的短促"嘎嘎"声。

②仅在不平路面上出现短促"嘎嘎"声。

③此现象为金属发出的短促"嘎嘎"声。

④此现象与车速和发动机转速无关。

⑤此现象与发动机暖机情况无关。

⑥在任何天气情况下都是如此。

（九）模拟实施

根据上面的描述和要求模拟该活动的角色扮演。

[任务评价]

1.理论知识评价

请完成理论知识评价，如表 2-2-8 所示。

表 2-2-8　理论知识评价

问　题	正　确	错　误
①"接待"是服务人员给客户留下良好第一印象的"关键时刻"		
②接待环节客户的期望:服务人员能迅速出迎、热情服务,感到自己受到尊重和公平对待		
③客户接待贯穿整个维修接待流程		
④客户接待环节的关键点有 3 个:指引、引导和迎接		
⑤服务顾问需要学习一定的客户模式的知识,这样可以从客户的行为上确定客户属于哪一类模式,进而有针对性地进行接待		
⑥服务顾问见到客户后应第一时间对客户进行主动、热情的问候		
⑦当遇到接待高峰,客户的等待时间超过 10 min 时,作为服务顾问应及时通知售后业务经理或者服务经理,抽调人手临时参与接待工作		
⑧服务顾问主动问候客户后应马上询问客户的需求,这样做的目的是根据客户的需求尽快进行相应安排		

问　题	正　确	错　误
⑨在需求分析环节要学会用正确的对话技巧,这样可以快速有效地沟通,准确把握客户的需求		
⑩在预检环节,客户希望服务顾问能仔细倾听其关于车辆故障的描述和维修需求		
⑪在正式确定维修内容之前,服务顾问需要和客户一起对车辆进行仔细检查		
⑫服务顾问在业务接待过程中通常要对客户保修项目的维修费用进行初步预算		
⑬恰当的报价方法可以使客户较好地接受服务顾问的报价		
⑭维修委托书确认完毕后,服务顾问要根据客户的需要安排客户休息或离店		
⑮在车辆维修过程中,如果时间较长,服务顾问要对客户进行过程关怀		
⑯在维修过程中,服务顾问如果发现客户的车辆存在其他的问题,要及时通知并提醒客户,在征得客户的同意并确认后,方可进行修理		

2.活动表现评价

(1)请完成活动一表现评价,如表 2-2-9 所示。

表 2-2-9　活动表现评价

评价项目	完　成		没有完成
	良　好	有待提高	
①语气、语调和吐词清晰度			
②保持客气和礼貌			
③提问时使用浅显易懂的语言			
④不打断客户谈话			
⑤记录			
⑥当问候客户时保持目光接触和面带微笑			
⑦确认客户姓名并在交谈过程中使用			
⑧仔细倾听并确定客户需求			
⑨通过提问从客户那里收集附加信息			
⑩亲自确认车辆状况			
⑪使用问题或示例确认自己的理解			

续表

评价项目	完成		没有完成
	良　好	有待提高	
⑫询问客户是否还有其他疑虑或问题			
⑬派工单记录			
其他表现：			

（2）请完成活动二表现评价，如表2-2-10所示。

表 2-2-10　活动表现评价

评价项目	完成		没有完成
	良　好	有待提高	
①语气、语调和吐词清晰度			
②保持客气和礼貌			
③提问时使用浅显易懂的语言			
④不打断客户谈话			
⑤记录			
⑥当问候客户时保持目光接触和面带微笑			
⑦确认客户姓名并在交谈过程中使用			
⑧仔细倾听并确定客户需求			
⑨通过提问从客户那里收集附加信息			
⑩亲自确认车辆状况			
⑪使用问题或示例确认自己的理解			
⑫询问客户是否还有其他疑虑或问题			
⑬派工单记录			
其他表现：			

（3）请完成活动三表现评价，如表 2-2-11 所示。

表 2-2-11 活动表现评价

评价项目	完成		没有完成
	良 好	有待提高	
①语气、语调和吐词清晰度			
②保持客气和礼貌			
③提问时使用浅显易懂的语言			
④不打断客户谈话			
⑤记录			
⑥向客户解释验证结果			
⑦如果需要，解释自己发现的情况并将推荐的附加维修项目通知客户			
⑧解释预估的维修费用、工时费用和零配件费用			
⑨确定可能的交车日期和时间			
⑩告诉客户，如果发现附加工作或任何变化，维修车间将联系客户			
⑪询问客户是否还有其他疑虑或问题			
⑫让客户在派工单上签字			
其他表现：			

（4）请完成活动四表现评价，如表 2-2-12 所示。

表 2-2-12 活动表现评价

评价项目	完成		没有完成
	良 好	有待提高	
①语气、语调和吐词清晰度			
②保持客气和礼貌			
③提问时使用浅显易懂的语言			
④不打断客户谈话			

续表

评价项目	完 成		没有完成
	良 好	有待提高	
⑤记录			
⑥为给客户造成的不便,向客户致歉			
⑦认真听取客户关心的问题和要求,并加以确定			
⑧灵活使用提问技巧			
⑨通过提问,从客户那里收集附加信息			
⑩在诊断工作单上准确无误地说明客户所述的内容			
⑪如果需要,向客户解释,以利于客户理解车辆故障情况			
⑫与客户确认,服务顾问是否理解了客户关心的问题			
⑬询问客户是否还有其他疑虑或问题			
其他表现:			

（5）请完成活动五表现评价,如表2-2-13所示。

表2-2-13　活动表现评价

评价项目	完 成		没有完成
	良 好	有待提高	
①语气、语调和吐词清晰度			
②保持客气和礼貌			
③提问时使用浅显易懂的语言			
④不打断客户谈话			
⑤记录			
⑥为给客户造成的不便,向客户致歉			
⑦认真听取客户关心的问题和要求,加以确定			
⑧灵活使用提问技巧			
⑨通过提问,从客户那里收集附加信息			

续表

评价项目	完成		没有完成
	良　好	有待提高	
⑩在诊断工作单上准确无误地说明客户所述的内容			
⑪如果需要,向客户解释,以利于客户理解车辆故障情况			
⑫与客户确认,服务顾问是否理解了客户关心的问题			
⑬询问客户是否还有其他疑虑或问题			
其他表现:			

/任务三/　维修作业跟进和质量检验

[任务目标]

- 能叙述维修作业看板的作用。
- 能叙述车间维修需要注意的事项。
- 能叙述维修质量检验的工作内容。
- 能叙述质量检验的具体实施流程。
- 能叙述质量检验过程的注意事项。
- 能叙述维修保质期的类型。
- 能够向车间主管交接待修车辆。
- 能够按照客户应对标准流程在征得客户同意后追加维修项目。

[任务引入]

　　服务顾问小黄向客户刘先生介绍其车辆此次来 4S 店维修的主要项目、维修时间、费用等。刘先生表示同意并在合同上签了字。服务顾问小黄将车辆交给车间李主管,由其向技术班组长派工,于是该车辆进入维修工位开始维修。在维修过程中,技术员张师傅发现有维修增补项目,随即通知服务顾问小黄。小黄在第一时间联系客户刘先生,告知刘先生的车辆前轮制动片磨损至极限了。小黄从车辆安全角度出发,建议刘先生更换制动片,并对增补的维修项目进行报价和时间延长说明。刘先生表示同意并在增补项目工单上签字确认。小黄通知技术员张师傅可以进行增补项目维修。车辆维修完成后,维修车间进行自检、班组长检验及总检。

[任务准备]

一、车间维修

服务顾问待客户签字确认维修工单后,将维修工单交给维修车间。车间维修技术人员根据维修工单(任务委托书或维修合同)的要求,正确使用工具和维修资料,对车辆执行高质量的维修和保养,使车辆恢复出厂时的参数,达到质量要求,确保客户的满意。

1.客户对车间维修的期望

对车辆进行专业的检测,确保车辆行驶状况良好,确保维修质量合格。按照任务委托书完成约定的维修维护项目,使车主能按约定时间取回车辆。

2.车间维修的重要性

车间维修要坚持工作规范性,降低返修(内返、外返)可能性,提高车间维修效率。良好的维修质量能增加客户对经销商的信赖度,促使客户再次来店。

3.维修作业看板

在维修作业进行的过程中,服务顾问要跟进车辆的维修进度。这个过程主要是通过维修作业看板来完成的,如图 2-3-1 所示。在大型和中型汽车维修企业,负责工作进度控制的人员是车间主任或调度员;在小型维修企业,可由维修业务接待人员来负责。无论何种情况,服务顾问都要对自己所接车辆的维修过程进行全程跟进。

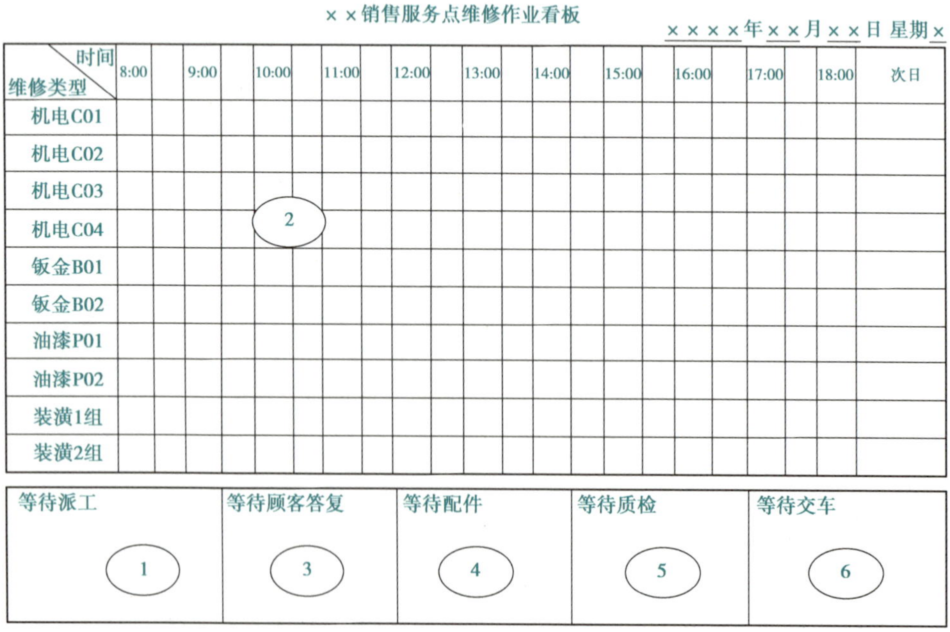

图 2-3-1　维修作业看板示例

维修作业看板简称维修看板,内容应包括客户姓名、车牌号、维修工位、维修进度标尺、预计交车时间、维修班组信息等。

维修看板的作用:让客户不用进入车间就能了解自己车辆的维修进度,估算自己所需的等待时间;能够避免因为客户进入维修车间而产生的一些意外;同时,等待维修完工的客户也可以借此了解自己仍需等待的时间。

4.车间维修需要注意的事项

车间维修需要注意的事项如下:

①控制维修维护进度,确保能够按照预计交车时间交车。

②作业过程中确保车辆完好无损。

③能够正确完成维修维护项目。

④发生增项时及时确认并传递增项需求。

车间维修与维修进度控制的流程如图 2-3-2 所示。

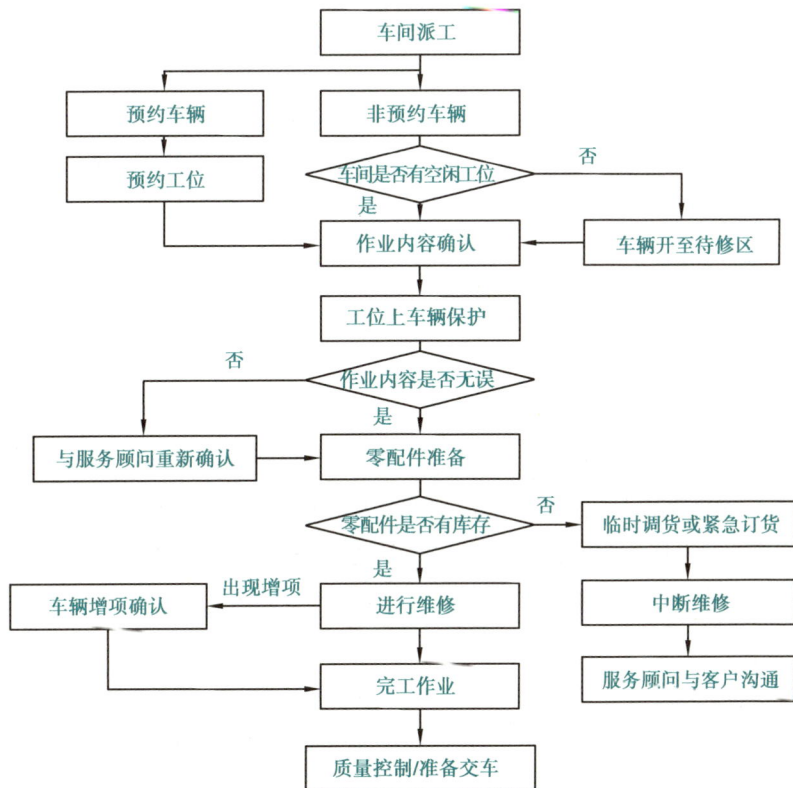

图 2-3-2　车间维修与维修进度控制的流程

(1)车间派工

①确认委托书(维修工单)信息。

②安排工位。

③安排技师。

④做好控工措施。

（2）维修作业内容确认

①核实故障。

②确认客户要求的非必要项目。

③确认客户未要求的必要项目。

（3）工位上车辆的保护

①技师个人防护。

②确认内部保护。

③安装外部保护。

（4）零配件准备

①确认零配件。

②领取零配件。

（5）进行维修

①准备维修工具。

②按标准进行维修。

（6）完工作业

①清理发动机舱。

②收集旧件。

（7）车辆增项确认

①技师通知车间主管增项内容。

②车间主管确认增项内容。

二、维修质量检验的工作内容

车辆在车间完成维修后，经过维修技术人员严格的自检、班组组长的复检和车间主管或质检技术员的终检，维修质量得到了保障。但是，为了确保在交付车辆时能兑现对客户的质量承诺，服务顾问还应该在车辆交付前对竣工车辆进行严格的交车前检查，掌握客户车辆的维修细节和车辆状况，确保客户满意。

（1）质量检查

虽说汽车的维修质量是维修出来的而非检查出来的，但是质量检查能有助于发现维修过程中的失误和验证维修的结果。质量检查也是对维修技术员进行考核的一个基础依据。质量检查是维修服务流程中的关键环节。维修技术员结束车辆维修后，需由质检员进行检验并填写质量检查记录。当涉及转向系统、制动系统、传动系统、悬挂系统等行车安全的专项维修项目时，必须交由试车员进行试车并填写试车记录。车辆在维修作业结束后，必须经质量检验员检验合格后，才算真正竣工。

（2）整理旧件

若维修工单上注明有客户需要将旧件带走，维修技术员则应将旧件擦拭干净并包装好，然后放在车上。

（3）车辆清洁

维修车辆经质量检查合格后，应对车内外进行必要的清洁，以保证车辆交付给客户时维修完好、内外整洁、符合顾客要求。车辆清洁完成以后，通知服务顾问。

（4）交车前检查

维修车辆的所有维修项目结束并经过检验合格后，服务顾问进行交车前检查。检查的主要工作内容是核对维修项目、工时费、配件材料数量、材料费是否与估算相符，完工时间是否与预计相符，故障是否已完全排除，旧件是否已整理好，车辆是否已清洁。检查合格后，通知客户交车。

三、质量检验的具体实施流程

1.签订维修合同后，服务顾问与车间主管交接

服务顾问与车间主管交接程序：

①服务顾问将车辆开至待修区，将车辆钥匙、维修工单、接车登记表或预检表交给车间主管。

②服务顾问依据维修工单、接车登记表或预检表与车间主管车辆进行交接。

③服务顾问向车间主管交代作业内容。

④服务顾问向车间主管说明交车时间要求及其他注意事项。

2.车间主管向班组长派工

服务顾问与车间主管交接完毕后，车间主管向班组长派工。

3.实施维修作业

①班组长接到任务后，根据接车登记表或预检表对车辆进行验收。

②确认故障现象，必要时试车。

③根据维修工单上的工作内容，进行维修或诊断。

④维修技师凭维修工单领料，并在出库单上签字。

⑤非工作需要，维修技师不得进入车内，不能开动客户车上的电气设备。

⑥对客户留在车内的物品，维修技师应小心地加以保护，非工作需要严禁触动；因工作需要触动时，要通知服务顾问以征得客户的同意。

4.作业过程管理

当作业进度发生变化时，维修技师必须及时报告车间主管及服务顾问，以便服务顾问及时与客户联系，取得客户谅解或认可。当作业过程中发现新增作业项目时，应该按照追加维修内容工作流程进行。

（1）在维修过程管理中，维修看板管理须由专人管理

指定专门的人员负责及时更新相关的信息；使用有效的通信手段及时获得最新的维修信息和情况；一旦信息发生变化，负责信息更新的人员应及时在管理看板上进行更新；服务顾问应随时掌握车间的维修动态。

（2）维修过程管理

要想使客户对 4S 店满意，不仅要保证接待客户的质量，还要保证维修期间客户能够及时得到相关的信息。因此，客户的汽车进入维修车间后并不意味着服务顾问的任务就此结束了。服务顾问要跟踪维修工作的进度，如果出现与最初签订的维修工单有出入的地方，应及时通知客户；服务顾问与维修车间一直保持联系，随时将意外情况告知客户。

（3）跟踪维修服务进程

这一过程的目的是确保维修工作按照维修委托书的要求进行，掌握维修情况以保证车辆按时交付。采用的方法为随时记录，随时与车间保持联系，使用维修作业看板和车间任务分配板。保证服务顾问对车间的维修情况了如指掌，便于其安排工作，随时回复客户，与客户约定合适的交车时间，按时向客户交付车辆，提升客户的服务满意度。

（4）追加维修内容工作流程

追加维修内容工作流程如图 2-3-3 所示。服务顾问与维修车间和客户随时进行沟通的目的是，一旦维修过程中出现意外情况，服务顾问能及时通知客户并征求客户意见，需要时可更改最初签订的维修委托书。

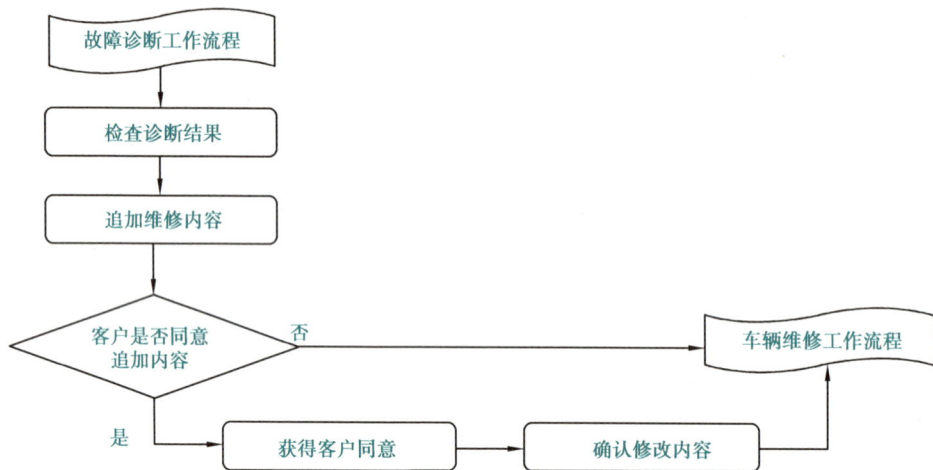

图 2-3-3　追加维修工作流程图

维修技师在维修过程中，如果发现新的维修内容，应将增补维修项目和处理方法记录在预检单中，并在第一时间内通知车间调度或服务顾问。服务顾问应就增补维修项目及时向客户进行说明，并对所要完成的维修项目进行费用报价及交车时间延长说明。

5.自检、班组长检验及总检

①维修技师作业完成后，先进行自检。

②自检完成后，交班组长检验。

③检查合格后，班组长在任务委托书写下车辆维修建议、注意事项等内容，并签名。

④交质检员或技术总监质量检验。

⑤总检。质检员或技术总监进行 100% 总检。

维修质量控制工作流程如图 2-3-4 所示。

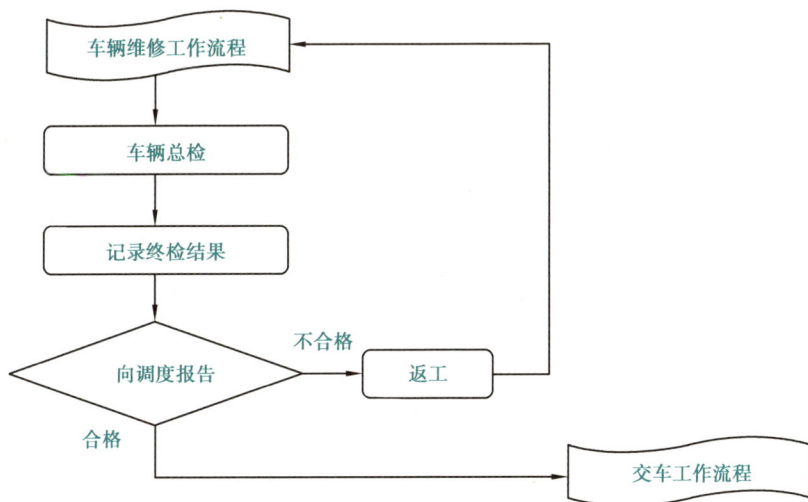

图 2-3-4　维修质量控制工作流程图

6.车辆清洗

总检合格后,若客户接受免费洗车服务,质检员则将车辆开至洗车工位,同时通知车间主管及服务顾问车已开始清洗。清洗车辆外观,确保不出现漆面划伤、外力压陷等现象。清洁后,将车辆停放到竣工停车区。

四、质量检验过程注意事项

①审核维修委托书,确保所有工作已全部完成。

②按照检验规范进行检验。

③必要时,服务顾问和主修技术员一同进行路试。

④对检验不合格的车辆按照程序进行处理,并及时通知服务顾问。

⑤评估检验过程中发现的问题,告知服务顾问,由服务顾问与客户协商解决。

⑥发现的任何问题都要记录在委托书上。

⑦使用质量保证卡。

⑧确保车辆得到彻底清洁。

⑨及时通知服务顾问进行内部交车。

⑩向服务顾问说明车辆维修情况。

⑪任何需维修但未执行的工作都应记录在委托书上。

⑫将车辆停放在竣工车停车位。

五、维修保质期的类型

(1)小修保修期

出厂后 10 天或行驶里程为 2 000 km,两者以先到者为准。

（2）二级维护保修期

出厂后 30 天或行驶里程为 5 000 km,两者以先到者为准。

（3）大修保修期

出厂后 100 天或行驶里程为 20 000 km,两者以先到者为准。

[任务实施]

活动一　向车间主管交接待修车辆

一、活动前的准备工作

活动前的准备工作如表 2-3-1 所示,将学生分成 4 组进行。

表 2-3-1　活动前的准备工作

序　号	名　称	数　量	单　位	备　注
1	汽车	4	辆	根据本校实际情况选择车型
2	维修接待台及椅	4/8	个/把	
3	洽谈桌及椅	4/8	个/把	
4	收银台及椅	4/8	个/把	
5	饮水机	4	台	
6	饮料、纸杯	若干	瓶/包	
7	接车板夹	8	个	
8	笔	8	支	
9	计算机	4	台	
10	打印机	4	台	
11	白手套	2	副	
12	三件套	若干	套	
13	维修保养手册	4	本	
14	计时器	4	个	

二、活动描述

(一)主题

一位客户的车辆发动机出现失速现象。服务顾问与车间主管进行交接。

(二)角色扮演的学习目标

在完成该角色扮演之后,服务顾问能够与车间主管交接,在维修开始工作之前传递车况信息。

(三)角色扮演的目的

车间主管能成功地了解所要维修车辆的状况。服务顾问持有诊断工作单。

(四)情景

服务顾问向车间主管解释从客户那里得到的有关车辆问题状况的信息。

(五)车辆信息

车辆型号:×××。

发动机:×××,编号:×××。

变速器:×××。

里程:83 685 km。

购买日期:2010 年 3 月 2 日。

(六)车辆状况

①故障现象于一周前已出现。

②在暖机期间或之后的怠速时,发动机失速。

③发动机经过一段时间的怠速不稳,然后失速。发动机可以再次启动,但是发动机怠速时,再次失速。

④清晨易启动发动机。

(七)车间主管角色的要求

服务顾问向车间主管解释从客户那里得到的有关车辆问题状况的信息。

(八)观察员角色的要求

观察员要注意观察服务顾问与车间主管的对话是否包括了对车辆状况的描述。

(九)模拟实施

依据上面的描述和要求模拟该活动的角色扮演。

活动二　追加维修项目的沟通

一、活动前的准备工作

活动前的准备工作如表 2-3-2 所示,将学生分成 4 组进行。

表 2-3-2　活动前的准备工作

序　号	名　　称	数　量	单　位	备　注
1	汽车	4	辆	根据本校实际情况选择车型
2	维修接待台及椅	4/8	个/把	
3	洽谈桌及椅	4/8	个/把	
4	收银台及椅	4/8	个/把	
5	饮水机	4	台	
6	饮料、纸杯	若干	瓶/包	
7	接车板夹	8	个	
8	笔	8	支	
9	计算机	4	台	
10	打印机	4	台	
11	白手套	2	副	
12	三件套	若干	套	
13	维修保养手册	4	本	
14	计时器	4	个	

二、活动描述

（一）主题

一位客户的车辆需要追加维修项目。服务顾问与客户进行沟通。

（二）角色扮演的学习目标

在完成该角色扮演之后，服务顾问能够按照客户应对标准流程来征得客户同意，以便追加维修项目。

（三）角色扮演的目的

服务顾问能征得客户同意，以便追加维修项目。

（四）情景

服务顾问给客户致电，想征得客户同意，以便追加维修项目。客户想要了解追加维修项目的重要性。

（五）车辆信息

车辆型号：×××。

里程:80 221 km。

购买日期:2010 年 6 月 12 日。

(六)客户要求与期望

①客户希望所需的维修费低于 700 元,其中包含配件费用。

②客户想在当天傍晚取车。

③客户想要确保没有遗留安全问题。

④客户想要确保他的花费物有所值。

⑤客户并不介意支付高于 700 元的增项费用。

⑥客户没有其他担心的问题。

(七)客户角色的要求

客户接到服务顾问打来的电话,事关自己某款车的 80 000 km 的维护问题。在演练过程中,除非服务顾问特别要求,否则客户不要提供下列信息。

①想要确保没有遗留的安全问题。

②想要确保物有所值。

③并不介意支付高于 700 元的增项费用。

(八)观察员的角色要求

观察员要重点观察服务顾问在与客户的沟通过程中,是否考虑了客户的要求和期望。不做硬性要求,可自行发挥。

(九)模拟实施

根据上面的描述和要求模拟该活动的角色扮演。

[任务评价]

1.理论知识评价

请完成理论知识评价,如表 2-3-3 所示。

表 2-3-3　理论知识评价

问　题	正　确	错　误
①服务顾问待客户签字确认维修工单后,将维修工单交给维修车间		
②在维修作业进行的过程中,服务顾问要跟进车辆的维修进度		
③设置维修作业看板,可以让客户不用进入车间就能了解自己车辆的维修进度		
④为了确保在交付车辆时能兑现对客户的质量承诺,服务顾问还应该在车辆交付前对竣工车辆进行严格的交车前检查		
⑤车辆在维修作业结束后,必须经质量检验员检验合格后,才算真正竣工		

续表

问　　题	正　确	错　误
⑥服务顾问与车间主管交接完毕后,由车间主管向班组长派工		
⑦当作业进度发生变化时,维修技师必须及时报告给车间主管及服务顾问		
⑧服务顾问要跟踪维修工作的进度,如果出现与最初签订的维修工单有出入的地方,应及时通知客户		
⑨维修技师在维修过程中,如果发现新的维修内容,应将增补维修项目和处理方法记录在预检单中,并在第一时间内通知车间调度或服务顾问		

2.活动表现评价

(1)请完成活动一表现评价,如表 2-3-4 所示。

表 2-3-4　活动表现评价

评价项目	完　成		没有完成
	良　好	有待提高	
①语气、语调和吐词清晰度			
②保持客气和礼貌			
③使用常用俗语			
④按照时间顺序逐步解释			
⑤记录解释车辆故障出现之后的情景			
⑥解释车辆故障何时出现			
⑦解释发动机冷、热、暖机过程中出现的状况			
⑧解释故障出现的频率			
⑨询问相关问题以确认对方已理解			
其他表现:			

（2）请完成活动二表现评价，如表 2-3-5 所示。

表 2-3-5 活动表现评价

评价项目	完成		没有完成
	良好	有待提高	
①语气、语调和吐词清晰度			
②保持客气和礼貌			
③使用浅显易懂的语言			
④不打断客户谈话			
⑤记录			
⑥问候致意，报上经销商的名称以及本人的姓名			
⑦询问客户是否有时间通过电话交谈			
⑧解释维修中发现的问题，以及推荐的维护或修理事宜			
⑨通过陈述好处或潜在危险向客户解释维护的必要			
⑩提供附加的以及总的维修费用说明，同时询问客户是否接受			
⑪提出新的完成时间，就修订后的交车时间与客户达成一致			
⑫询问相关问题以确认对方已理解			
⑬复述和确认与客户协商后的事宜			
⑭在通话结束时重复自己的姓名，如果客户还有其他任何问题，则提供进一步的帮助			
⑮在交谈结束时，真诚地感谢客户抽出时间与自己交谈，并重新确认预约的交车时间			
其他表现：			

/任务四/ 车辆结算、交付和服务跟踪

[任务目标]

- 能叙述结算和交付时需要注意的事项。
- 能叙述车辆结算和交付的流程。
- 能叙述服务跟踪的重要性。
- 能叙述服务跟踪的主要内容。
- 能叙述售后服务跟踪的流程。
- 能叙述服务跟踪的注意事项。
- 能向客户解释维修蓄电池故障的费用构成。
- 能向客户解释定期维护的交车时间。

[任务引入]

刘先生的车辆经过4S店的质量检验、清洗后,停在"车辆竣工区"。服务顾问小黄检查完车辆后准备通知客户来取车。小黄陪同客户刘先生现场验车后回到前台打印结算单,向刘先生说明此次维修的作业内容,详细向刘先生解释了费用组成,陪同刘先生一起至财务室结算。结算完成后,小黄将本次维修的全部资料及收款发票整理装袋交给刘先生。小黄目送刘先生驾车离开4S店,然后回到前台,计划安排时间对刘先生进行服务跟踪。

[任务准备]

一、客户车辆结算和交付

一次服务的结束是下次服务的开始,客户的满意离开是形成一批忠诚客户的必要条件,与客户一起验收车辆是经销商或维修站再次展现本店专业性的机会。

1.客户的期望

客户的期望:始终如一、热情周到的服务,4S店能够按时完成预期的项目,到手的是清洁的车辆,得到的是专业的项目解释、相关事宜的提醒和告知。

2.需要注意的事项

结算和交付是客户离站前的最后一次沟通机会,不是简单的缴费而是客户期望值最高的时候。兑现与客户达成的约定是首要任务,在此环节时,除了主要接触人服务顾问的态度外,收银员的态度也影响着客户对经销商/维修站的整体满意度。

二、结算和交付的主要内容

在客户来接车之前,服务顾问应把结算单打印好。客户到维修服务企业后,服务顾问接

待客户,向客户解释车辆的维修情况和结算单内容。这样做是为了尊重客户的知情权,消除客户的疑虑,让客户明白消费,提高客户满意度。

(1)解释维修过程

如果是常规维护,服务顾问应给客户一份维护记录单,告诉客户下次维护的时间或里程,以及需要更换的常规件和相应里程需作业的常规项目,同时在车辆维护手册上做好记录。如果是故障维修,服务顾问应告诉客户故障原因、维修过程及有关注意事项。

(2)解释结算单内容

服务顾问应主动向客户解释清楚结算单上的有关内容,特别是维修项目工时费用和配件材料费用,让客户放心。如果实际费用与估算的费用有差异,需向客户解释说明原因,得到客户的认同。

向客户说明完以后,引导客户到收银台打印结算单和结算。

结算单是客户结算修理费用的依据,结算单中包括以下项目:客户信息、客户车辆信息、维修企业信息、维修项目及费用信息、附加信息和顾客签字等。客户签字意味着客户认可维修项目及费用。

结算单一般一式两份,客户联交客户带走,另一联由维修服务企业的财务部门留存。财务人员负责办理收款、开发票、开出门证等手续。结算应该准确高效,避免客户等待时间过长。

交车是下次维修保养的开始,交付给客户一辆洁净的车辆非常重要。

在完成车辆离开的相关手续后,服务顾问应亲自将客户送出门外,并提醒客户车辆下次维护时间和应该修理的内容。

三、车辆结算和交付流程

车辆结算和交付的流程如图 2-4-1 所示。

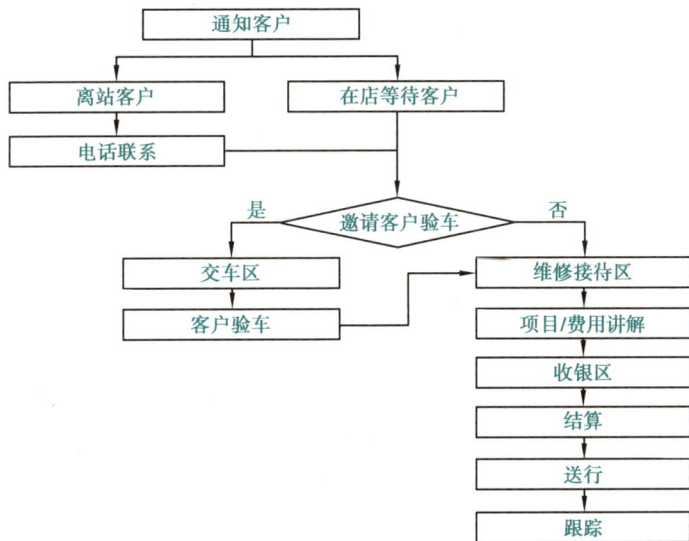

图 2-4-1　客户车辆结算和交付的流程

1.通知客户

①告知车辆已竣工。

②建议客户验收车辆。

2.讲解项目

①解释项目、费用。

②告知完工检测和服务项目。

③提醒告知。

3.结算

1）结算的注意事项

汽车维修价格结算,是在承修车辆维修竣工交付使用时,由承修方对车辆维修作业所发生的全部工时费、材料费、外协加工费及其他各种费用,用统计的方法计算出来,向托修方收取全部费用的结算过程。

①将客户引导至收银处。

②交代收银员接待客户。

2）统计和计算维修费用时,应注意以下几个方面。

①必须遵循国家有关价格的法律法规和行业管理规章,并承担相应的法律责任。做到明码标价,公平合理。

②服务项目和结算项目不得超出经营范围。

③统计准确,计算方法正确,不错收、漏收和重复收。

④收费依据充分。收费的主要依据如下:

a.汽车维修合同。汽车大修、主要总成大修、二级维护、维修费用在 1 000 元以上的项目,必须有承托双方签订的维修合同。

b.派工单。这是结算的重要凭证,特别是在维修过程中征得客户同意后的追加项目。

c.材料出库单。依据材料出库单,制作材料结算明细表。

d.工时定额标准。这是由当地交通行政管理部门和物价部门制定和发布的,它是计算工时费用的法规性文件,必须严格遵守。

⑤按照本企业的类别和有关部门规定的企业管理费率计算管理费并开具正式发票,将工时和材料明细表一起交托修方。

3）汽车维修价格结算方法

（1）计费依据

各省级行政单位物价局都制定有《汽车摩托车维修行业工时定额和维修服务收费标准》(以下简称收费标准),是本省级行政单位辖区内从事汽车摩托车维修的单位(含外企)、个人以及各类汽车维修服务站作为结算维修费用的依据。

（2）计算方法

按照以上计费标准,维修费用计算的公式和结算公式为:维修费 = 工时费(工时单价×工时定额)+材料费+其他费用。

①工时单价:依据汽车维修管理部门与物价部门核定的工时费标准,在允许的浮动范围内实施。

②工时定额:依据省级行政单位汽车维修管理部门制定的工时标准,分别核定汽车大修、汽车维护、汽车故障诊断、汽车小修、专项修理、机加工以及校验等各类作业项目的工时费。但需注意如下事宜:

第一,收费标准未列出的维护作业项目工时费,应按该项小修定额工时标准另外计价。

第二,车辆技术改装、改造,按作业完成后的实际工时结算,但承托双方必须订有书面合同。

第三,在质量保证期内的返修项目不得另行计收工时费。

③材料费的计算方法:汽车维修材料费是指汽车维修过程中合理消耗的材料费用。材料费包括材料成本费、自制配件费、修旧零件费、辅助料费。需要注意如下事宜:

第一,修旧基础件按不超过新件市场价格的50%、修旧总成不超过新件市场价格的60%、修旧零件不超过新件市场价格的70%进行结算。

第二,辅助材料(比如清洗零件的汽油、棉纱、砂纸等)仅收取消耗材料费,不得收取材料管理费。

④其他费用:上述费用以外的、汽车维修过程中按规定允许发生的费用。其他费用包括外加工费、材料管理费等,但需注意如下事宜:

第一,外加工费应按实际费用结算,若加工项目包含在托修方报修的维修类别范围之内,则应按其相对应的标准定额收费,不得重复收费。

第二,材料管理费是指因材料的采购、装卸、运输、保管、损耗等发生的费用,各地费率标准不尽相同,应按各地规定执行。

4.客户验车

①引导客户至交车区。

②展示内外效果。

5.送行

①交钥匙包。

②送行致谢。

③门卫放行。

④移交客户资料。

四、车辆结算和交付过程注意事项

①确保所有进行的工作和备件都列在结算单上。

②确保结算价格与向客户的报价一致。

③使用公布的工时和备件价格进行结算。

④确保所有客户需要的资料都已准备好。

⑤由原接待的服务顾问进行交付。

⑥向客户解释完成的工作和发票的内容。

⑦陪同并引导客户缴款。

⑧向客户出示旧件并询问处理意见。

⑨向客户提醒下次保养的时间里程和车辆使用的注意事项。

⑩指出需要额外进行的工作,并咨询客户意见。

⑪需立即进行的工作,客户如不修理,应在委托书上注明并请客户签字。

⑫告知客户部分零件(如轮胎、刹车片等)的剩余使用寿命。

⑬所有单据交给客户一份副本。

⑭取下防护用品,开出门证,送别客户。

五、售后服务跟踪

1.服务跟踪的作用

汽车出厂之后,服务顾问定期与客户进行电话或短信联系,询问质量情况和使用情况的行为称为服务跟踪,它有如下作用:保持客户良好的满意度;给客户留下美好的印象,以期建立长远的合作关系;发掘客户新的需求;感动客户,使其介绍新的客户前来接受维修服务。

2.服务跟踪重要性

服务跟踪是维修服务流程中的最后一道环节,属于与客户的接触沟通和交流环节,一般采用电话访问的方式进行。较好的后续跟踪服务,一方面,能够掌握售后服务中心维修业务存在的不足;另一方面,又能够更好地了解客户的期望和需求,接受客户和社会监督,增强客户的信任度。后续服务跟踪是一项整体行为,高层管理人员应将其作为增强员工服务意识、改进工作作风、提高服务质量和水平的一项重要举措。后续服务中所反映出来的问题,要进行改进,事后还应对改进效果督促和检查,使其真正发挥后续服务跟踪的作用,促进服务和维修工作上一个新的台阶。

服务跟踪是持续提高客户满意度的机会,是客户再次进店的契机,也是对上次服务漏洞进行弥补的机会,因此要重视服务后的持续跟踪。

需要说明的是,服务跟踪不只是简单地询问客户是否满意,更为关键的是了解客户的需求和期望,加大其下次进店的概率。经销商或维修站必须设立专职的回访人员和单独的回访电话,客户关爱专员必须在充分了解客户资料后有针对性地沟通,并定期进行回访信息的整理和分析。

六、服务跟踪的主要内容

维修服务企业应在交车之后 3 日内对客户进行服务跟踪。服务跟踪体现的是对客户的关心,更重要的是了解客户对维修质量、客户接待、收费情况和维修时效性等方面的反馈意见,以利于维修企业发现不足、改进工作。

服务跟踪人员应做好跟踪记录,将其作为质量分析和客户满意度分析的依据。如果在服务跟踪中发现客户有强烈抱怨和不满,服务跟踪人员应耐心向客户说明原因并及时向服务经理汇报,在一天内调查清楚情况,给客户一个合理的答复,以平息客户抱怨,使客户满意。客户电话跟踪样表如表 2-4-1 所示。

表 2-4-1　客户电话跟踪样表

流　程	步　骤	电话规范用语举例
准备	①准备客户档案、修理账单、检查已经完成的工作 ②准备好想为客户提供的信息 ③确认客户姓名及电话号码	
拨电话	问候客户并作自我介绍	您好,我是××集团维修接待××。
确认客户	①确认客户 ②感谢客户将车开到本店进行维修 ③询问客户是否方便通话	①李女士家吗? 她在家吗? 您是李女士吗? ②您好,李女士,我是××集团维修接待××,感谢您×天把车开来我们店维修。 ③您现在有时间吗? 可以简单与您聊几句吗?
陈述意图	告诉客户打这个电话的原因	①给您打电话是想知道您的车在维修后情况如何,并征求一下您对我们服务的意见和建议。 ②是这样的,我们想提供本市最好的维修服务,但没有客户的意见,我们是很难做到的,您今天能帮我们这个忙吗?
调查维修情况	①询问客户的汽车在维修后的行驶情况 ②询问客户是否满意	①那天给您维修了发动机,现在车况如何,您还满意吗? ②听您这么说我很高兴。 ③看起来这很好呀! ④还有什么需要我们帮忙吗? ⑤您对我们维修店的总体印象如何? ⑥您能这么评价,我很高兴,我们还要继续努力。谢谢您的鼓励!
向客户提供相关信息	告知对方本店正在或将要开展的服务项目	①十分感谢您! 顺便说一下,本周六我们有一个回报客户的活动,届时将向老客户以很实惠的折扣出售换季座垫以及洗车卡。如果您有时间的话,希望您能过来参加。 ②谢谢您!
感谢客户与你交谈	感谢对方的回馈,并道别	①李女士,感谢您今天花时间接我电话。我知道您很忙,打搅了,很对不起。希望本周六能见到您。 ②再见。谢谢您!

七、售后服务跟踪流程

服务跟踪的流程如图 2-4-2 所示。

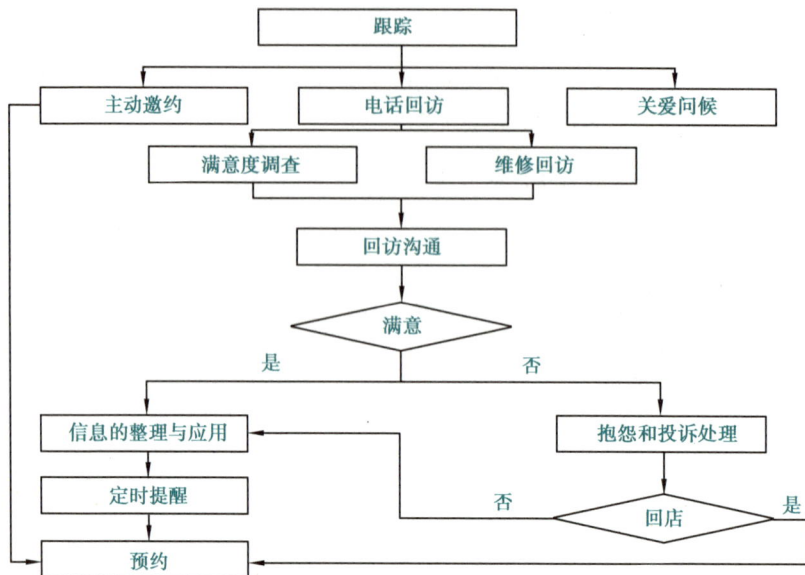

图 2-4-2　售后服务跟踪的流程

1.回访沟通

（1）资料准备

客户关爱专员每天整理客户资料,根据客户离店时间,依次排列客户资料,筛选和确定回访对象。

（2）取得客户信任

回访人员要问候称呼对方,询问对方是否有时间接受回访;如同意接受,应告知回访所需时间。语言表达清楚明了,语气要温和,富有亲和力。

（3）了解使用情况

询问客户车辆现在的使用情况,仔细倾听,善意引导。客户回访可以是一次成功的服务邀约,要表现出经销店对客户的真诚。

（4）请客户评价

客户关爱部根据经销商实际情况制订回访问卷,根据回访问卷询问客户,请客户评价整体服务水平。注意回访问卷的内容不要太多,以免引起客户抱怨,一般控制在 3 min 之内。

2.抱怨与投诉处理

（1）接受抱怨投诉

如果客户有抱怨和投诉时,首先要真诚致歉。然后,将抱怨和投诉内容记录在客户抱怨（投诉）处理单上;对抱怨和投诉的情况表示歉意,同时表示将立刻联系相关人员跟进处理。

（2）问题归纳与跟进

将客户抱怨（投诉）处理单登记编号后,当天提交给经销店总经理。服务经理完成客户抱怨(投诉)处理单后在第二天交回客户关爱专员,客户关爱专员3天内再次回访,记录回访内容,以取得客户信任。处理完毕后,由客户关爱专员/投诉第一责任人在经销商管理系统中输入特别备注的内容。客户关爱专员每月整理一次抱怨与投诉处理情况,发给各相关负责人。

八、服务跟踪注意事项

服务跟踪的注意事项主要有:

①打电话时为避免客户觉得其车辆有问题,建议使用规范语言,发音要自然、友善。

②语速不要太快,一方面可给没有准备的客户时间和机会回忆细节,另一方面避免让客户觉得你很忙。

③不要打断客户的讲话,记下客户的评语(批评、表扬)。

④交车一周之内打电话询问客户对收费工作是否满意。

⑤打跟踪电话的关爱专员要懂基本的维修常识、沟通技巧。

⑥打电话时要避开客户的休息时间、会议高峰、活动高峰。

⑦如果客户有抱怨,不要找借口搪塞,告诉客户你已记下他的意见,让客户相信只要他愿意,有关人员会与他联系并解决问题。

⑧及时将跟踪结果向维修经理汇报,维修经理再与客户联系。如属服务质量问题,则让客户将车开回进行维修;如属服务态度问题,则向客户表示歉意,直至客户满意。这样从预约开始到跟踪结束,形成一个闭环。

⑨对客户的不合理要求进行恰当解释。

[任务实施]

活动一　向客户解释蓄电池故障的费用

一、活动前的准备工作

活动前的准备工作如表2-4-2所示,将学生分成4组进行。

表 2-4-2　活动前的准备工作

序　号	名　称	数　量	单　位	备　注
1	汽车	4	辆	根据本校实际情况选择车型
2	维修接待台及椅	4/8	个/把	
3	洽谈桌及椅	4/8	个/把	
4	收银台及椅	4/8	个/把	
5	饮水机	4	台	
6	饮料、纸杯	若干	瓶/包	

续表

序 号	名 称	数 量	单 位	备 注
7	接车板夹	8	个	
8	笔	8	支	
9	计算机	4	台	
10	打印机	4	台	
11	白手套	2	副	
12	三件套	若干	套	
13	维修保养手册	4	本	
14	计时器	4	个	

二、活动描述

(一)主题

一位客户的车辆蓄电池有故障,服务顾问向客户解释结算的费用。

(二)角色扮演的学习目标

在完成该角色扮演之后,服务顾问能够向客户解释结算费用。

(三)角色扮演的目的

服务顾问能将客户关心的问题成功填写到派工单上,并能解释要完成的工作和费用。

(四)情景

日期:×月×日。

一位老客户向服务顾问说明他车辆的蓄电池问题。在面对面沟通交流后,服务顾问向他解释本企业所要做的工作,并具体解释了费用。

(五)车辆信息

车辆型号:×××。

里程:80 062 km。

购买日期:2010 年 9 月 12 日。

(六)客户要求与期望

①如果含配件费在内的费用低于 600 元,则客户希望接受这项服务。

②客户想要立即修理车辆,希望在当天 17:00 取回车辆。

③客户不想支付更多的费用。

(七)客户角色的要求

在角色扮演中,除非服务顾问特别要求,否则客户不要提供以下信息。

①今天早晨,车辆的发动机多次未能启动。

②如果含配件费在内的费用低于 600 元,则可以接受这项服务。

③想要立即修理车辆,希望在当天 17:00 取回车辆。

④不想支付更多的费用。

(八)观察员角色的要求

在角色扮演中,观察员要清楚客户的要求和期望,并着重观察服务顾问是否询问了如下细节。

①今天早晨,客户车辆的发动机多次未能启动。

②如果含配件费在内的费用低于 600 元,则客户希望接受这项服务。

③客户想要立即修理车辆,希望在当天 17:00 取回车辆。

④客户不想支付更多的费用。

(九)模拟实施

依据上面的说明和要求模拟该活动的角色扮演。

活动二　向客户解释定期维护的交车时间

一、活动前的准备工作

活动前的准备工作如表 2-4-3 所示,将学生分成 4 组进行。

表 2-4-3　活动前的准备工作

序　号	名　　称	数　量	单　位	备　注
1	汽车	4	辆	根据本校实际情况选择车型
2	维修接待台及椅	4/8	个/把	
3	洽谈桌及椅	4/8	个/把	
4	收银台及椅	4/8	个/把	
5	饮水机	4	台	
6	饮料、纸杯	若干	瓶/包	
7	接车板夹	8	个	
8	笔	8	支	
9	计算机	4	台	
10	打印机	4	台	
11	白手套	2	副	
12	三件套	若干	套	
13	维修保养手册	4	本	
14	计时器	4	个	

二、活动描述

（一）主题

一位客户进行 40 000 km 定期维护，服务顾问向客户解释定期维护的交车时间。

（二）角色扮演的学习目标

在完成该角色扮演之后，服务顾问能够按照汽车维修接待人员的礼仪素质来解释交车时间。

（三）角色扮演的目的

服务顾问应能依据汽车维修接待人员的礼仪要求做好客户服务工作。

（四）情景

日期：×月×日。

一位老客户向服务顾问说明了他所担心的车辆存在的问题。在面对面地沟通与交流后，服务顾问将向其解释本企业所要做的工作，并具体解释了交车时间。

（五）车辆信息

车辆型号：×××。

里程：40 060 km。

购买日期：2014 年 11 月 1 日。

（六）客户要求与期望

①如果含配件费在内的费用低于 500 元，则客户希望接受这项服务。

②客户希望在第二天 12:00 取车。

③客户需要有接送车或用汽车将其送到最近的车站。

④客户没有其他担心的问题。

（七）客户角色的要求

在角色扮演中，除非服务顾问特别要求，否则客户不要提供以下信息。

①如果含配件费在内的费用低于 500 元，希望接受这项服务。

②希望在第二天 12:00 取车。

③希望有接送车或用汽车将客户送到最近的车站。

④没有其他担心的问题。

（八）观察员角色的要求

在角色扮演中，观察员要注意观察客户与服务顾问面对面交流的过程，重点观察服务顾问是否注意了以下信息。

①如果含配件费在内的费用低于 500 元，则客户希望接受这个服务。

②客户希望在第二天 12:00 取车。

③客户需要有接送车或用汽车将其送到最近的车站。

④客户没有其他担心的问题。

（九）模拟实施

根据上面的说明和要求模拟该活动的角色扮演。

[任务评价]

1.理论知识评价

请完成理论知识评价,如表 2-4-4 所示。

表 2-4-4　理论知识评价

问　题	正　确	错　误
①结算和交付是客户离站前的最后一次沟通机会		
②服务顾问应主动向客户解释清楚结算单上的有关内容,特别是维修项目工时费用和配件材料费用,让客户放心		
③结算单是客户结算修理费用的依据		
④交车是下次维修保养的开始,交付给客户一辆洁净的车辆非常重要		
⑤派工单是结算的重要凭证,特别是在维修过程中征得对方同意后的追加项目		
⑥工时单价是依据汽车维修管理部门与物价部门核定的工时费标准,在允许的浮动范围内实施		
⑦交付车辆时,服务顾问应向客户提醒下次保养的时间里程和车辆使用的注意事项		
⑧车辆出厂之后,服务顾问应定期与客户进行电话或短信联系,询问质量情况和使用情况,做好服务跟踪,以保持客户良好的满意度		
⑨服务跟踪只是简单地询问客户是否满意		
⑩服务跟踪体现对客户的关心,更重要的是了解客户对维修质量、客户接待、收费情况和维修时效性等方面的反馈意见,有利于维修企业发现不足、改进工作		
⑪客户有抱怨和投诉时,服务顾问首先要真诚致歉		
⑫打服务跟踪电话时为避免客户觉得其车辆有问题,建议使用规范语言,发音要自然、友善		
⑬服务顾问打跟踪回访电话时要避开客户的休息时间、会议高峰、活动高峰等		

2.活动表现评价

（1）请完成活动一表现评价,如表 2-4-5 所示。

表 2-4-5　活动表现评价

评价项目	完　成		没有完成
	良　好	有待提高	
①语气、语调和吐词清晰度			
②保持客气和礼貌			
③提问时使用浅显易懂的语言			
④不打断客户谈话			
⑤记录			
⑥当问候客户时保持目光接触和面带微笑			
⑦确认客户姓名并在交谈过程中使用			
⑧仔细倾听并确定客户需求			
⑨为给客户造成的不便,向客户致歉			
⑩通过提问从客户那里收集附加信息			
⑪亲自确认车辆状况			
⑫确认自己对客户车辆问题的理解是否正确			
⑬询问客户是否还有其他疑虑或问题			
⑭派工单记录			
其他表现:			

（2）请完成活动二表现评价，如表2-4-6所示。

表2-4-6　活动表现评价

评价项目	完成		没有完成
	良　好	有待提高	
①语气、语调和吐词清晰度			
②保持客气和礼貌			
③提问时使用浅显易懂的语言			
④不打断客户谈话			
⑤记录			
⑥在对话过程中称呼客户的姓名			
⑦通过提问弄清客户担心的问题或服务需求			
⑧报上预估的服务费用，包括工时费和配件费			
⑨根据工时定额表和维修站的工作负荷报上预估的交车日期和具体时间			
⑩解释需要做的工作内容			
⑪向客户提问，以确认客户已理解具体事宜			
⑫询问客户是否还有其他疑虑或问题			
⑬向客户致谢，结束谈话			
其他表现：			

/任务五/　汽车相关服务产品推荐

［任务目标］

- 能叙述服务和营销的概念。
- 能叙述销售的含义及销售的三要素。
- 能叙述顾问式销售服务的原则。
- 能叙述服务产品的核心要素的价值。
- 能叙述 FAB 话术法则和应用。
- 能叙述现场汽车精品和养护品的种类。
- 能叙述现场汽车精品和养护品销售建议和常见话术。
- 能熟练地向客户推荐现场汽车精品和养护品。

［任务引入］

温女士开着她的爱车到某 4S 店进行首次维护,该车售出时间一年左右。当值服务顾问小宋热情地接待了她。温女士首先感谢小宋几天前温馨地提醒她抽时间前来给车做保养。在接下来的 2 h 的车辆保养流程当中,服务顾问小宋进行了非常规范和专业的服务,温女士非常感动。小宋最后向温女士介绍了汽车香水座、车贴,还没等小宋介绍完,温女士就答应购买了。所以,作为服务顾问,根据客户的需要还可同时销售现场精品。

［任务准备］

一、服务营销

1.服务的概念

服务最通俗的定义:有些东西可以买卖,但无法归入囊中。服务与产品最科学的一个区分维度是否涉及商品所有权的转移。

从服务营销的角度来看,服务是在特定的时间内,服务提供方的服务内容(提供货物、劳力、专业技能、网络和系统等)给服务接受方(人、物或资产)带来预期的结果。

2.服务三要点

①顾客要参与服务,时间因素在服务过程中非常重要。

②通过购买,顾客得到的是他们想要的或预期的结果(实际上很多企业在市场上营销的是潜在顾客需要的解决方案)。

③顾客付出金钱、时间和精力,换取期望的价值,这些价值来自能够创造价值的有形或无形场所、系统等要素,而不是要占有这些要素,得到它们的所有权(保养、修理中需要的零配件除外)。

3.营销的概念

①市场营销就是在适当的时间、适当的地方,以适当的价格、适当的信息沟通和促销手段,向适当的消费者提供适当的"产品和服务"的过程。满足顾客需要的同时创造利润——菲利普·科特勒,《营销管理》。

②营销就是让推销变得多余。企业的目的是创造顾客,因此任何企业有且只有两个基本职能:营销和创新。只有营销和创新为企业创造收益,而其他的职能均属成本——彼得·德鲁克,《管理的实践》。

二、服务顾问的销售

如果说第一辆车是销售人员卖出去的,那么从第二辆车起全是售后卖出去的。服务顾问不仅为客户提供顾问式服务——修好车,更重要的是推销其服务和产品。服务顾问同时也是一名产品销售员,因此必须要了解和掌握销售的概念和流程。

1.销售的含义

(1)传统销售的含义

从传统角度来看,销售就是用钱来交换货物,是一种有组织地分配不同货物的方法,是帮助某些人发现某些事物价值的一个过程。整个传统销售过程中,不考虑客户的潜在需求,产品是第一位的。

例如,客户到服务站来换机油,就只帮他换机油,客户付了钱就走了,这就是传统销售。

(2)顾问式销售的含义

从顾问的角度看,销售首先要识别潜在客户的需求并满足他们的需求,追求的是双赢,顾客是第一位的。

例如,客户到服务站说要换机油,我们不仅要帮他换机油,而且还要对其车辆进行相关的检查,发现问题及时反馈给客户,针对这辆车制订定期维护计划,达成初步预约服务,这就是顾问式销售。

从上面的描述可以看出,传统销售以商品为本,强调了单赢;顾问式销售以客户为本,强调的是双赢。

2.销售的三要素

一个汽车服务产品销售的完成,通常要了解构成汽车服务产品销售的3个要素:客户对汽车产品及服务的信心;客户对汽车产品和服务的需求;客户是否具备购买力。我们称之为信心、需求、购买力,如图2-5-1所示。

客户只有有了需求,才会考虑购买相应的产品和服务。有了需求后,还要考虑对产品和服务的信心。构成销售的三个要素缺一不可。在汽车销售的过程中,销售人员的主要工作就是挖掘和创造客户的需求,同时建立客户对汽车产品及服务的信心,进而促使客户购买,最终完成汽车销售的工作。

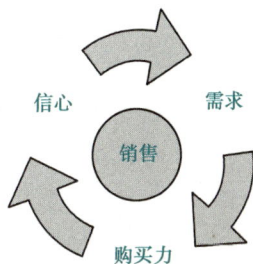

图2-5-1　销售三要素

（1）信心

客户对产品的信心往往建立在产品本身、品牌、企业信誉、服务人员等因素上。所以,汽车业务人员最需要做的就是建立客户对产品的信心,否则客户就不会购买产品和服务。

（2）需求

客户的需求分为感性需求、理性需求、主要需求、次要需求等。客户表面上告诉我们的需求往往只是他本人真实需求的一部分。所以,挖掘客户的真实需求,对客户进行需求分析,帮助客户购买到真正符合他需求的汽车产品和服务,也是销售业务人员的专业所在。据统计,相当部分的客户是不知道自己的真实需求的,在他们购买汽车产品或服务的决定中,感性需求占的比重很大。作为销售业务人员要学会创造客户的需求并分析客户的需求,帮助客户一起分析更换项目的用途、用车的成本、购买后给客户带来的价值等因素。这样做能体现销售业务人员作为服务顾问的价值,帮助客户购买到真正符合其需求,又让其称心如意的服务。

（3）购买力

客户的购买力取决于他的"决定权"和"使用权"。销售业务的完成,一定要看客户的购买力,要帮助客户一起分析他的购买力,同时让客户去影响决定他购买力的人。

3.顾问式销售服务

需求是一个五层次的树状结构,目标和愿望决定客户遇到的问题和挑战,客户有了问题和挑战就要寻找解决方案,解决方案包含需要购买的产品和服务以及对产品和服务的要求,这几个要素合在一起就是需求。

客户要买的产品和购买指标是表面需求,客户遇到的问题才是潜在需求,如果问题不严重或者不急迫,客户是不会花钱的。因此,潜在需求就是客户的燃眉之急,任何购买背后都有客户的燃眉之急,这是销售核心的出发点,产生潜在需求并且决定表面需求。

顾问式销售的核心是把握客户的需求,深刻理解需求的 5 个层次,如图 2-5-2 所示,帮助客户找到并且满足其深层次需求。

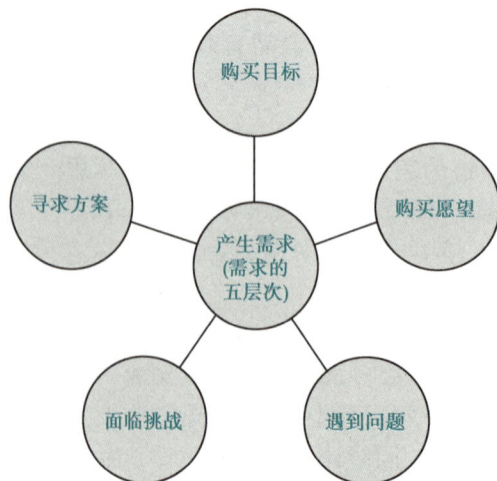

图 2-5-2　需求的五个层次

在实际的维修接待中,许多客户是不知道自己的真实需求的,因此需要业务接待人员发挥顾问的作用,帮助客户找准并满足其需求。

4.顾问式销售的原则

顾问式销售有如下原则:

①最终目标双赢。

②解决客户心中的不安,建立起客户对自己的信任。

③用坦诚增强客户对自己的信任。

④帮助客户作出正确决定。

⑤在每个关键时刻给予客户超出其期望值的帮助,从而激发出客户对产品的热情拥戴。

三、服务产品

1.服务产品的特点

产品包括有形产品和无形产品(服务)。

将配件、设备、技术、人员、服务整合起来,将服务本身作为一个产品进行设计进而促进交换,形成一种全方位关怀的服务产品,客户就可在需要时买到车辆使用时的放心和安心,从而对该品牌产生信心。

汽车用户的需求是车辆的安全运行和舒心使用。汽车售后服务的本质是满足用户最核心需求。企业重要的创新是使用户未来拥有安全放心的"用车方案"。

2.服务产品的核心要素

(1)所有物服务

服务产品包含对客户所有物(车)的服务:客户想要的是针对所有物的一些有形的服务,服务的目的是延长所有物的使用寿命。

(2)基于信息的精神服务

服务产品包含基于信息的精神服务:客户需要投入时间、精力和金钱,获得教育、新闻、信息、专业顾问等信息服务,从而有获得态度重塑或行为改变的精神服务。

3.服务产品的价值

一个产品通常由6个方面构成,功能是根基,其他都是感性的价值塑造,价值塑造与价格是成正比的。

服务产品一般有3种价值:功能价值、心理价值(外延价值)、经济价值(外围价值)。

①功能价值:这是服务产品自身带给客户的使用价值,也是客户直接想要的部分(最核心的价值)。

②心理价值(外延价值):这是在功能价值基础上延伸出来的可以接触的价值,也称为附加价值,是客户收获到的增值部分。

③经济价值(外围价值):这是客户内心趋于认可的价值,如品牌价值、心理认同等。

4.服务产品价值的塑造

服务产品是一个整体的解决方案,其销售价格与塑造的价值是直接相关的。

①列出产品的所有功能和好处 A。

②列出其他企业也能提供的功能和好处 B。

③列出客户不认可的功能和价值 C。

列出上述 3 个层次的 A、B、C 后,用 A-B-C 的方法得出剩余的功能和价值,就是本企业独特的、有差异化的功能和价值。然后用消费者能接受的语言包装这个独特的功能和价值,通过宣传渠道将这个独特的价值宣传和推广出去,这就是服务产品价值塑造和传播的"A-B-C"方法。

当员工觉得给客户带去的价值越多越大时,员工的自信心会越强;给一个东西塑造的价值越多、越高,就越容易达成营销的目的。

新产品开发出来后,企业都会开始塑造其价值,在塑造价值的过程中用价值去和客户沟通,进而聚焦成一个有差异化的价值优势点,在客户心目中留下痕迹,这就是品牌。

四、FAB 话术法则

在给客户进行维修产品和服务内容介绍时,服务顾问要将"给客户带来的益处"与"服务本身特性"相结合,给客户带来实际的感觉。做产品和服务介绍时要以理性为前提,以感性作为结束。

FAB 话术法则是销售理论中一个很重要的话术法则,它提供了一个向客户介绍商品的话术逻辑。通过该法则,可以将产品的特点、功能与客户获得的利益结合起来,促进客户对汽车产品的购买。

(1)FAB 法则介绍

FAB 法则,即属性(Feature)、作用(Advantage)、益处(Benefit)的法则,按照这样的顺序来介绍,就是说服性演讲的结构,它达到的效果是让客户相信你的产品是最好的。FAB 法则是销售技巧中最常用的一种说服技巧。

①属性:人们经常把它翻译成特征或特点,而且很多销售人员至今还把它翻译成特征或特点。特征,顾名思义就是区别于竞争对手的地方。当你介绍产品且将其与竞争对手的产品进行比较时,就会让客户产生一定的抵触情绪。原因是什么? 因为在销售的 FAB 中不应把 Feature 翻译成特征或特点,而应翻译成属性,即你的产品所包含的客观现实,即所具有的属性。

②作用:很多销售服务人员把它翻译成了优点。优点就是你的产品比竞争对手好的方面,这自然会让客户产生更大的抵触情绪,因为你所面临的竞争对手非常多,相似的产品也很多,你的产品不可能比所有的产品都好。现实中每一种产品都有各自的特征,当你说产品的某个功能比竞争对手好的时候,客户就会产生非常大的抵触情绪。实际上,在销售中把 Advantage 翻译成作用会更好一些,作用就是能够给客户带来的用处。

③益处:就是给客户带来的利益。

FAB 的 3 个环节是环环相扣的,产品首先会具备 F 的属性,从而具有 A 的作用,这样才可以带给客户 B 的益处。

(2)FAB 法则应用说明

需求是 FAB 的基础,没有了需求,无论是 FAB 还是别的销售技巧,一切都将无从谈起,销售过程实际上就是发现、把握和满足客户需求的过程。所以,现在也有人将 FAB 法则发展为 NFAB 法则,其中的 N 就代表了客户的需求。

(3)如何应用 FAB 法则

FAB 法则是一个容易理解的概念,但它并没有被很好地运用,其中一个重要的原因就是在运用过程中容易产生困惑。最常见的就是销售人员分不出特点和作用的差别是什么。

(4)FAB 法则在汽车服务销售中的应用

在将 FAB 法则运用到汽车服务销售的过程中时,销售人员要经常性地问自己 3 个问题:顾客掏钱,是冲着商品还是商品能带给自己的利益? 介绍商品的时候要把重点放在特点上还是特点带来的利益上? 怎么给客户留下深刻的印象,创造有冲击力的介绍方式和话术?其中的第 3 个问题,销售人员称之为冲击,这样,FAB 法则就发展成了 NFABI 法则,其中的 I(Impact)表示冲击的意思。比如,客户很关心车辆启动的问题,此时服务顾问可以向客户介绍更换火花塞的重要性。

(5)克服客户不同意见的话术

当客户有不同意见时,表示客户想要求了解更多的信息。对服务顾问来说,则可以有机会给客户提供更多的信息。解决客户的顾虑对所有和客户打交道的员工来说,都是一个非常具有挑战而且关键的任务。

(6)服务和产品介绍环节的关键点

在该环节中,有一些关键点:介绍时,服务顾问的表情是否诚恳、对客户是否充满关心;服务顾问是否使用简明易懂的语言向客户进行说明;服务顾问是否运用了数据和案例来说明;服务顾问是否结合了益处和特性进行了说明;客户如有疑问时,服务顾问是否给予了耐心的解释;客户不感兴趣时,服务顾问是否仍然不厌其烦地推销服务或产品;服务顾问对同一服务或产品的解释是否不一致;客户同意接受服务或产品时,服务顾问是否显得很高兴。

(7)任务

通过服务顾问的专业知识将客户的需求转化为我们的服务产品。

(8)操作步骤与要点

对于某些检查项目可能涉及客户使用问题而导致无法索赔维修时,需要提前告知客户,将可能的收费项目告知客户,经客户同意后再确定维修项目。对于现场检查可能出现的故障现象,需向客户告知可能的维修方向,进一步确定维修方案的时间和联系方式。对于现场检查无法重现的故障现象,需征求客户意见,是继续使用观察还是留厂观察,因为只有见到故障现象时才能进行相应的检测。

五、现场汽车精品及养护品

1.现场精品及养护品概念

现场精品和养护品是对汽车功能、外观、个人偏好的有益补充,是对可以达到美化外观、完善功能和展现个性化特点的汽车配件、美容养护产品等的总称。

2.现场精品和养护品的种类

现场精品和养护品类别有内装精品、外装精品、电装精品、养护精品和品牌纪念品等,如表 2-5-1 所示。

表 2-5-1 现场精品和养护品类别

类　别	常见内容
内装精品	用于汽车内部装饰和布置的产品,如汽车香水座、脚垫、地毯、座椅套、方向盘套等
外装精品	用于车外装潢的产品,如晴雨挡、挡泥板、车贴、汽车尾灯框等
电装精品	汽车电子控制装置和车载汽车电子装置,如 GPS 导航、车载 DVD/MP3、汽车音响、汽车氙气灯、倒车雷达等
养护精品	用于汽车定期保养及维护的产品,如汽油清净剂、清洗剂、燃油/进气/积碳系统清洗剂、车内/车外美容养护产品等
品牌纪念品	汽车厂家为提升品牌形象而衍生出的产品,如领带、车模、自行车、手提袋、运动帽等

3.4S 店现场精品和养护品特点

4S 店现场精品制度包括特定渠道(专供)、专供优质、配套整合(为专业渠道量身定制)。深度开发养护系统有发动机系统、冷却系统、空调系统、转向系统、自动变速器系统、燃油系统、制动系统、限速保护系统等。

4.客户对现场精品及养护品的常见疑问

由于客户对车辆的认知不同,加上现场精品和养护品需要一定的花费,客户对是否需要现场精品和养护品往往存在疑惑。

六、现场汽车精品和养护品的销售

1.现场精品和养护品销售建议

现场精品和养护品的 9 条销售建议如下:

①好的销售不是强有力推销,而是把问题提出,让别人以与以往不同的方式进行思考。

②要明白销售过程中客户的 6 个心理疑问(你是谁? 你要谈什么? 你谈的对我有什么好处? 如何证明你讲的是事实? 我为什么要跟你买? 我为什么要现在跟你买?)。

③销售的是观念、卖的是好处、买的是感觉。要将精品和养护品对客户的好处说出来。

④正确使用销售的话术。FABE(Features、Advantage、Benefit & Evidence)法则就是指运用产品的特征(解决方案)、优点(优势)、利益和证据来向消费者介绍产品。

⑤做好服务营销的 5 个熟悉。

服务顾问要熟悉客户、熟悉车辆、熟悉库存、熟悉车间、熟悉流程,这样才能做好营销工作。

⑥了解汽车的使用基本常识。

⑦要把握现场精品和养护品销售的最佳切入点。

⑧现场精品卖的是"个性化体验"。

⑨养护品卖的是"放心、安心、舒心"地使用车辆。

2.现场精品和养护品销售方式

①随车赠送大礼包。

②车销售出去以后再单独销售精品。

③把精品安装在新车上一起销售,是前装销售的一种。

3.汽车精品的两种消费形式

①一次性消费:防爆膜、汽车音响、安防系统、底盘装甲等。

②重复性消费:车蜡、鸡毛掸子等。

4.汽车精品客户的消费特点

汽车精品客户的消费主要有 3 个特点,即对产品的认知差别大、关注产品的品质、担心上当受骗。

5.汽车精品的销售特点

①不常用,非生活必需品。

②客户不了解其具体功能与用途。

③大多需要与施工服务相结合。

6.汽车养护用品销售的常见话术

由于客户对车辆的认知不同,在销售过程中客户往往会对养护品提出很多异议,服务顾问需要针对客户的异议做出正确应对,这样才可消除客户的担忧,增强客户的购买信心。

销售就是讲故事。人类最容易接受的就是特定场景下的画面感,故事的魅力来源于人类认知的习惯。营销传播的本质就是制造画面感,引发购买联想,引起购买冲动。

用讲故事的方式进行营销需要注意 3 点:要清楚是对谁说话、用故事营造场景、把自己真实的生命经验放进去。

七、运用情感营销技巧,销售额外服务

1.情感营销的含义

情感营销就是将企业与客户的互动看作企业与消费者产生情感作用的过程,其核心是建立和发展与消费者的长期关怀与相互信任的关系。

2.情感营销的作用

情感营销的作用是提高客户满意度与提升企业形象,促进员工与客户的情感交流,增加客户服务与业务招揽的机会,提升服务品质与业务盈利。

[任务实施]

活动　现场向客户推荐防爆膜等汽车精品和养护品

一、活动前的准备工作

活动前的准备工作如表 2-5-2 所示，将学生分成 4 组进行。

表 2-5-2　活动前的准备工作

序　号	名　称	数　量	单　位	备　注
1	汽车	4	辆	根据本校实际情况选择车型
2	维修接待台及椅	4/8	个/把	
3	洽谈桌及椅	4/8	个/把	
4	收银台及椅	4/8	个/把	
5	饮水机	4	台	
6	饮料、纸杯	若干	瓶/包	
7	接车板夹	8	个	
8	笔	8	支	
9	计算机	4	台	
10	打印机	4	台	
11	白手套	2	副	
12	三件套	若干	套	
13	维修保养手册	4	本	
14	计时器	4	个	

二、活动描述

（一）主题

服务顾问向客户推荐防爆膜等汽车精品和养护品。

（二）角色扮演的学习目标

在完成角色扮演之后，服务顾问能够向客户推荐防爆膜等汽车精品和养护品。

（三）角色扮演的目的

让客户成功理解汽车防爆膜等汽车精品和养护品的好处,以及购买时实惠的价格。

（四）情景

服务顾问向上门客户介绍汽车安装防爆膜等汽车精品和养护品的好处,以及购买时价格很实惠。

（五）车辆信息

车辆型号:×××。

里程:1 000 km。

购买日期:2018 年 8 月 15 日。

（六）客户要求与期望

在该活动中,客户的要求和期望主要是想知道防爆膜等汽车精品和养护品的好处、价格。

（七）客户角色的要求

经过维修顾问的详细介绍后,客户对汽车安装防爆膜等汽车精品和养护品非常感兴趣,想要知道防爆膜等汽车精品和养护品的好处、价格。

（八）观察员角色的要求

在角色扮演中,观察员要知道客户没有为其购买不久的车辆安装过防爆膜等汽车精品和养护品,而客户对汽车安装防爆膜等汽车精品和养护品非常感兴趣,想要知道防爆膜等汽车精品和养护品的好处、价格。针对这些重点信息,观察服务顾问是否关注了客户的要求和期望。

（九）模拟实施

根据上面的描述和要求模拟该活动的角色扮演。

[任务评价]

1.理论知识评价

请完成理论知识评价,如表 2-5-3 所示。

表 2-5-3　理论知识评价

问　　题	正　确	错　误
①服务与产品最科学的一个区分维度:是否涉及所有权的转移		
②市场营销就是在适当的时间、适当的地方,以适当的价格、适当的信息沟通和促销手段,向适当的消费者提供适当的"产品和服务"的过程		
③整个传统销售过程中,不考虑客户的潜在需求,产品是第一位的		
④传统销售以商品为本,强调了单赢;顾问式销售以客户为本,强调的是双赢		

续表

问　题	正　确	错　误
⑤汽车服务产品销售的3个要素:客户对汽车产品及服务的信心;客户对汽车产品和服务的需求;客户是否具备购买力。我们称之为信心、需求、购买力		
⑥在实际的维修接待中,许多客户是不知道自己的真实需求的,因此需要业务接待人员发挥顾问的作用,帮助客户找准其需求并满足		
⑦产品包括有形产品和无形产品(服务)		
⑧在给客户进行维修产品和服务内容介绍时,服务顾问要将"给客户带来的益处"与"服务本身特性"相结合,给客户带来实际的感觉		
⑨在销售的FAB话术中不应把Feature翻译成特征或特点,而应翻译成属性,即你的产品所包含的客观现实,也即其所具有的属性		
⑩在销售的FAB话术中把Advantage翻译成作用会更好一些,作用就是能够给客户带来的用处		
⑪需求是FAB话术的基础,没有了需求,无论是FAB话术还是别的销售技巧都将无从谈起,销售过程实际上就是发现、把握和满足客户需求的过程		
⑫现场精品和养护品是对汽车功能、外观、个人偏好的有益补充,是对可以达到美化外观、完善功能和展现个性化特点的汽车配件、美容养护产品等的总称		
⑬现场精品卖的是"个性化体验";养护品卖的是"放心、安心、舒心"地使用车辆		

2.活动表现评价

请完成活动表现评价,如表2-5-4所示。

表2-5-4　活动表现评价

评价项目	完　成		没有完成
	良　好	有待提高	
①语气、语调和吐词清晰度			
②保持客气和礼貌			
③提问时使用浅显易懂的语言			
④不打断客户谈话			
⑤记录			
⑥询问客户是否愿意了解汽车防爆膜			

续表

评价项目	完成		没有完成
	良　好	有待提高	
⑦解释安装防爆膜的好处			
⑧详细向客户讲解汽车防爆膜的功能			
⑨提出问题,确认客户已经理解			
⑩给客户留出思考是否安装防爆膜的时间			
⑪询问客户是否还有其他疑虑或问题			
⑫向客户致谢,结束对话			
其他表现:			

项目三 | 现代汽车维修服务质量控制

/任务一/ 客户投诉的处理和预防

[任务目标]

- 能叙述客户关系管理的概念和意义。
- 能叙述客户基本资料和业务资料的建立流程。
- 能叙述客户投诉的意义和对象类型。
- 能叙述客户投诉的4种需求。
- 能叙述客户投诉处理的原则和方法。
- 能叙述投诉和异议处理技巧。
- 能叙述客户类型的应对方法。
- 能正确进行客户抱怨维修结果的处理。

[任务引入]

2017年8月27日—9月6日,潘先生共7次向某地区4S店致电反映:"我买了一辆你们店的新车,从买的第二天就开始修,已经修了一个月,还没有修好。"

具体情况:买车后的第二天不能启动,到ASC换了油泵,晚上又发现车子抖动并且路况不平的时候车后面有异响。潘先生要求退款或者换车。市电视台汽车投诉热线和省电视台已经表示,若此事不能解决好,就将对此事进行曝光。

[任务准备]

一、客户关系管理的概念

客户关系管理(Customer Relationship Management,缩写为CRM)指的是企业通过有意义的交流沟通,理解并影响客户的行为,最终实现提高客户获取、客户保留、客户忠诚和客户获利的目的。

客户关系管理的观念已经被普遍接受,相当一部分企业已经建立起自己的客户关系管理系统。

客户关系管理是以全员服务意识为核心,贯穿所有经营环节的一整套全面、完善的服务理念和服务体系,是一种企业文化。

企业通过客户关系管理可以提升客户的满意度、增加客户的忠诚度,同时可以带来较多的转介绍客户。

二、客户关系管理的意义

谁维系住了客户关系,谁就维系住了财富。满意只是起步和标准,感动才是水平和能力,忠诚是汽车企业客户关系管理追求的目的。

客户关系管理要使客户从满意到感动,从感动到忠诚。客户关系管理要尽可能做到全员、全过程、全方位地让全体客户得到全面满意。让客户在看车、买车、用车、修车、换车、等车的各个环节体验到拥有汽车的喜悦,使经销商实现销售、服务与维修的无缝连接,从而达到客户、经销商与汽车厂家的三满意。

三、客户档案建立和管理

客户档案是企业的重要资源,利用客户档案可以建立客户群、扩大业务、提高企业的知名度等。客户档案的建立通常有两种方式:一是客户基本资料的建立;二是客户业务资料的建立。

1.客户基本资料的建立

客户基本资料的建立包括客户基本资料的收集、整理、录入、保存、更新、取用和应急处理等。对于不同的企业来说,对客户基本资料的内容要求各不相同。客户档案一般包括以下4个方面。

①车辆基本信息:车牌号、VIN码、发动机号、车架号(底盘号)、钥匙号、出厂日期、首保日期、车型等。

②车辆扩展信息:购买日期、档案登记日期、保险公司名称、保险联系人、续保日期、下次应保养日期、上次业务日期、行驶证年检日期等。

③车主基本信息:姓名、性别、出生日期、身份证号码、住址、邮政编码、联系电话和手机号码等。

④车主扩展信息:电子信箱、即时通信软件号码、车主的其他联系人、开户银行、开户账号、税号、所在地区和类别等。

2.客户业务资料的建立

客户业务资料的建立包括客户购车记录、来访记录、购买配件记录、修车记录、保养记录、跟踪回访记录和投诉记录等。

（1）销售记录

如果一个汽车售后服务企业要着手开始建立客户档案,最为直接、简单的方法就是查阅企业销售记录。从销售原始记录中,可以得到现有客户和曾经进行交易客户的名单,以及企业客户的类型等信息。

（2）维修服务登记

利用客户在维修服务时登记的信息建立客户档案,是最简单和最直接的办法。可以采用发一张基本信息表让客户自己填写的办法,以获得更多、更准确的客户信息,但是需要得到客户的同意和配合。在现实中,往往会遇到不愿花费时间和精力填写登记卡的客户,或者即使填了也难以保证内容质量。

3.客户档案管理

客户档案管理是汽车维修企业的一项基础性工作。

①客户进入服务中心后,维修接待人员应当及时为客户建立档案。客户档案由业务部门负责收集、整理和保存。客户档案应按一车一档、一档一袋的原则进行管理。客户档案内容包括维修合同、检验签证单、竣工证存根、工时清单等。汽车一级维护、小修的资料均应保存在维修登记本中。

②应对客户基本信息进行整理,并利用计算机存档;纸质档案应保持整齐、完整,不得混杂乱装,档案袋应有明确的标志,以便检索、查询,同时防止污染、受潮和遗失。

③车辆维修竣工后,检验员应在车辆技术档案中记载总成和重要零件更换情况及重要维修数据。

④档案内容包括客户有关资料、客户车辆有关资料、维修项目、修理保养情况、结算情况、投诉情况,一般以该车"进厂维修单"的内容为准。老客户的档案资料表填好后,仍然存入原档案袋。

⑤单证入档后除相关工作人员外,一般人员不得随意查阅、更改和抽换。

⑥客户维修档案应保存两年以上。

四、客户投诉的基本概念

1.投诉的概念

投诉指客户对产品质量、维修质量、服务质量或价格等项目感到不满而产生抱怨,他们往往要求厂家负责处理或提出相应弥补措施,或要求其他相关单位协助安排处理。

2.客户投诉的意义

通过客户的投诉可以知道维修质量或者产品是否已达到客户的期望,服务作业是否符合客户的需要,以及客户还有什么需求被本企业忽略了,并以此提升和改善产品及服务的质量。如果客户感到不满而没有进行投诉,将是客户对商家的最大惩罚。所以,投诉是客户给企业最大的帮助。

3.对投诉的认知

面对客户投诉,服务顾问应争取客户的信任,赢得客户的认同,展现主动、积极的服务形象,培养忠诚客户。投诉是客户的基本权利,应尊重并面对;对待客户的投诉应具备同理心,争取客人的认同与信任;处理投诉的最佳方式是争取"双赢",至少让客人觉得"有得";投诉处理没有标准答案,应不断学习,才能提升投诉处理能力。

4.客户投诉的对象类型

(1)服务类

①服务质量:维修企业在服务客户时,未能达到客户的期望值,如服务态度不好、怠慢、轻率等。

②售后索赔:未明确沟通保修索赔条件等。

③产品质量:设计、制造或装配不良所导致的质量缺陷。

④维修技术:维修企业的维修技术欠佳,未能一次性修好。

(2)配件类

①配件供应:在维修过程中,未能及时供应车辆所需配件。

②配件价格:客户主观认为配件价格过高或收费不合理。

③配件质量:配件的外观质量或耐久性等存在问题。

(3)销售类

未履行承诺、延误交车日期、买贵了(价格调整)、夸大产品性能、夸大保修索赔内容、销售服务态度不佳等。

5.客户投诉的来源和渠道

①客户投诉的来源主要有5处:进店客户、电话跟踪的客户、客户服务中心免费电话、社会团体或消费者协会、其他。

②客户投诉的渠道主要有4条:面对面、客户来电、客户信函(书面或电子邮件)、网络。

6.客户投诉的4种需求

①被关心。客户需要你对他表现出关心与关切,而不是不理不睬或应付了事。客户希望自己受到重视和善待。他们希望与他们接触的人能真正关心他们的要求或能替他们解决问题,他们需要理解和设身处地地关心。

②被倾听。客户需要公平的待遇,而不是埋怨、否认或找借口。倾听可以针对问题找出解决之道,并可以训练我们远离埋怨、否认、借口。

③服务人员专业化。客户需要明白与负责的反应,客户需要一个能用脑而且真正肯为其解决问题的人,一个不仅知道怎样解决而且负责解决的人。

④迅速反应。客户需要迅速与彻底的反应,而不是拖延或沉默。客户希望听到"我会优先考虑处理你的问题"或"如果我无法立刻解决你的问题,我会告诉你我处理的步骤和时间"。

当客户对服务或产品不满时出现的情况如表3-1-1所示。

表 3-1-1　客户对服务或产品不满时出现的情况

项　目	表　现
不去投诉	91%不回来
投诉没有解决	81%不回来
投诉得到解决	25%不回来
投诉很快解决	85%会回来

7.导致客户不满的主要原因

导致客户不满的主要原因,很多时候是来自心理层面。

①不被尊重。客户感觉不受尊重。

②不平等待遇。主要是因为客户有过去的经验作比较,大部分是觉得在价格、精神上受到了不平等的待遇。

③受骗的感觉。经销商有意欺瞒而导致客户产生不满。

④历史经验的累积。从新车购入到售后服务的阶段中,累积多次不满而产生抱怨。

8.从容面对投诉

面对客户投诉,我们应该从容面对。

①争取客户的信任,赢得客户的认同。

②展现主动积极的服务形象。

③培养忠诚客户。

A.投诉是客户的基本权利,应尊重面对客户。

B.对待客户的投诉应具备同理心,争取客户的认同与信任。

C.处理投诉的最佳方式是争取"双赢",至少让客户觉得有些收获。

D.投诉处理没有标准答案,我们应不断学习,提升处理投诉的能力。

E.面对客人的投诉时,应扮演好服务角色。

五、处理客户投诉的原则和方法

1.处理客户投诉的原则

①不回避,第一时间处理。

②先处理心情,再处理事情。

③了解客户的背景。

④探查投诉的原因,界定控制范围。

⑤不做过度的承诺。

⑥必要时,坚持原则。

⑦争取"双赢"。

⑧取得授权,必要时让上级参与,运用团队解决问题。

在上面的原则中,先处理心情,再处理事情是最重要的原则。

2.处理客户投诉的方法

①安抚客户情绪。

②积极倾听、了解客户意向。

③表现出同理心。

④准备好客户的以往到店记录。

⑤了解客户的需求和真实意图。

⑥提出可选择的解决方案。

⑦寻求客户的支持和认同。

⑧执行商定的解决方案。

⑨额外的服务。

⑩后续跟踪。

⑪总结经验。

六、投诉和异议处理技巧

处理客户投诉是一件比较麻烦的事情,要掌握一定的工作技巧。下面是一些可供参考的技巧。

①将其与人群隔离,善用提问来发掘客户的不满。

②认真倾听并表示关怀,不要抢话并急于反驳。

③确认投诉内容,表示歉意,认同客户的情感。

④将话题引导到本企业服务好的方面。

⑤如客户所陈述的内容与事实有明显的差异,应采取否认法。

⑥在预估事情可能发生时,先给予提醒。

投诉处理的禁忌项及对应的正确处理方法如表 3-1-2 所示。

表 3-1-2 投诉处理的禁忌项及对应的正确处理方法

禁　忌	正确处理方法
立刻与客户讲道理	先听,后讲
急于得出结论	先解释,不要直接得出结论
一味地道歉	道歉不是办法,解决问题是关键
言行不一,缺乏诚意	说到做到
这是常有的事	要让客户认为这是普遍性问题
你要知道,一分钱,一分货	无论什么样的客户,我们都提供同样优质的服务
绝对不可能	不要用如此武断的口气

续表

禁　忌	正确处理方法
这个我们不清楚,你去问别人吧	为了您能够得到更准确的答复,我帮您联系××来处理好吗
这个不是我们负责的, 你问别的部门吧	
公司的规定就是这样的	为了您的车辆使用良好,所以公司制订了这样的规则
信息沟通不及时	及时沟通信息
随意答复客户	确认了准确信息后再回复客户

七、投诉的预防

解决投诉最好的办法就是不让投诉发生。要比客户考虑得更周到,当察觉到客户有细微的不满意时,也要把其小小的不满意或者抱怨消灭在萌芽状态。常见的预防措施如下:

①售后服务工作力争标准化并落实到位。

②设立预防投诉的措施和机制。

③落实客户关怀体系。

④提升服务人员的能力和态度。

客户投诉是一份"礼物",它可以让我们不断改进系统,优化流程,培训员工,评估、考核、了解客户的需求。

危机在发生前往往会有征兆,我们应该洞察征兆,了解投诉可能会造成的危机和严重性,尽量避免危机的发生。同时,掌握投诉处理的原则与技巧,妥善处理发生的危机。

八、应对抱怨和投诉的处理方法

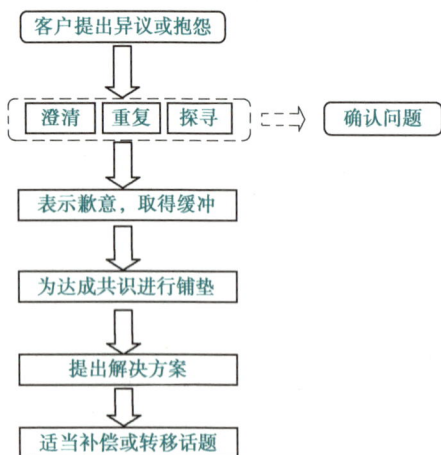

图 3-1-1　理解发现法的流程

1.理解发现法

理解发现法的流程如图 3-1-1 所示。

2.反复法

面对客户的抱怨,有些情况下可以把抱怨的理由作为进一步解释的因子。反复法处理问题简洁明快,其正确实施源于充分的作业前准备,当客户提出抱怨后,立即予以跟进,以快捷的方式处理客户抱怨。

3.反射法

反射法是指在服务过程中,客户提出的反对意见题目太大,比较模糊,但出于某种原因,服务顾问又不便询问,这时可以采用反射法。反射法是让客户对所提的问题做出进一步的解释,一方面,客户的反对意见得到补充,使我们更加明白客户的真实意图;另一方面,也为我们做出进一步的解释赢得了缓冲的时间。

九、客户类型及应对方法

(1)主导型客户

特征:往往只重结果,而不关心过程,通常没有耐心。

行为特征:主导欲望强烈,容易烦躁,注重身份,做事一般只看结果。

主导型客户的应对方法如表 3-1-3 所示。

表 3-1-3　主导型客户应对方法

正　确	不正确
清楚、具体	漫不经心、浪费时间
有准备、安排有序	模糊不清、漏洞百出
问具体问题	使对方无法把握
抓住问题、不跑题	闲聊
注重事实	办事带有个人色彩,替对方作决定
提供的事实有逻辑性	没有逻辑、丢三落四

(2)分析型客户

特征:希望回复精确,注重事实、数据,做事认真。

行为特征:做事喜欢在分析、权衡利弊后再作决定;使用精确的语言,特别注重细节。

分析型客户的应对方法如表 3-1-4 所示。

表 3-1-4　分析型客户应对方法

正　确	不正确
有所准备	没有逻辑,秩序混乱
考虑问题的所有方面	只想知道结果
具体说明你能做的事情	许诺太多
树立衡量体系	没有依据
坚持立场	不能坚持到底

（3）社交型客户

特征：乐观，善于交流，有说服力，努力使别人认可其观点。

行为特征：面带微笑，健谈甚至喋喋不休，喜欢与人交往。

社交型客户的应对方法如表 3-1-5 所示。

表 3-1-5　社交型客户应对方法

正　确	不正确
让客户畅谈自己的想法	经常打断客户谈话
给客户时间和你交往	简短的话语，不爱说话
谈论他们的目标	过于注重理论、数字
询问他们对事情的看法	花太多时间畅谈想法
使客户兴奋、有兴趣	不作决定

（4）发泄型客户

特征：本身并没有明确的目的，来店抱怨只是为了借机发泄对某些自认为不合理又无法说出口的事情的不满，比如加价购买车辆、超出保修期的维修、保养费用过高。

应对方法：花点时间耐心倾听，等客户自己冷却，安抚情绪，适当给予其他方面的优惠，平衡客户心理。

（5）被迫型客户

特征：客户本身并没有什么抱怨或者对我们的处理感到可以接受，但客户的上司、家人或者朋友有很多意见、建议，客户夹在中间进退两难，不得已做出投诉的样子。

应对方法：晓之以理，动之以情，使客户作出自己的判断；给客户向他人解释的依据，让客户帮忙说话；直接与客户的上司、家人等对话，说明真实情况。

（6）习惯型客户

特征：像专家、领导或者长者一样，习惯挑毛病或指出不足；本身并没有什么特别的不满，总喜欢表现自己见多识广和高人一等。

应对方法：用谦虚、尊敬的态度，耐心听取客户意见；表现出立即行动的姿态；尝试请客户给出建议，满足其虚荣心。

（7）秋菊型客户

特征：不管问题大小，无论如何也要个说法，甚至宁愿自己承担所需费用也在所不惜，精力旺盛、坚韧不拔。

应对方法：委婉但明确地让客户了解处理的底线，降低客户的期望值；收集足够的依据，重塑客户期望值；可请客户信任的第三方参与，一起劝导客户；给予一定的补偿；如有机会就要当机立断，快速解决；作好打持久战的准备。

[任务实施]

活动　客户抱怨维修结果的处理

一、活动前的准备工作

活动前的准备工作如表 3-1-6 所示,将学生分成 4 组进行。

表 3-1-6　活动前的准备工作

序　号	名　称	数　量	单　位	备　注
1	汽车	4	辆	根据本校实际情况选择车型
2	维修接待台及椅	4/8	个/把	
3	洽谈桌及椅	4/8	个/把	
4	收银台及椅	4/8	个/把	
5	饮水机	4	台	
6	饮料、纸杯	若干	瓶/包	
7	接车板夹	8	个	
8	笔	8	支	
9	计算机	4	台	
10	打印机	4	台	
11	白手套	2	副	
12	三件套	若干	套	
13	维修保养手册	4	本	
14	计时器	4	个	

二、活动描述

(一)主题

一客户抱怨在交车时未得到有关维修结果的任何解释。服务顾问对客户抱怨进行处理。

(二)角色扮演的学习目标

在完成该角色扮演之后,服务顾问能够处理客户关于维修结果的投诉。

（三）角色扮演的目的

服务顾问可以成功地解释企业所做的维修工作以及由此产生的服务费用。

（四）情景

某客户的车辆完成 700 000 km 定期维护和制动系统维修后,服务顾问给客户致电进行回访。此时,客户抱怨在交车时未得到有关维修结果的任何解释。

（五）车辆信息

车辆型号:×××。

里程:724 276 km。

购买日期:2011 年 2 月 21 日。

（六）客户要求与期望

①客户希望了解具体的工作内容。

②客户希望了解与工作内容和费用相关的信息。

③客户没有其他担心的问题。

（七）客户角色的要求

在完成了 700 000 km 定期维护和制动系统维修后,服务顾问给客户致电进行回访。此时,客户抱怨在交车时未得到有关维修结果的任何解释。在演练过程中,除非服务顾问特别要求,否则客户不要提供以下信息。

①希望了解具体的工作内容。

②希望了解与工作内容和费用相关的信息。

③没有其他担心的问题。

（八）观察员角色的要求

观察员要重点观察服务顾问在沟通时是否关注了客户的不满。在演练过程中,除非服务顾问特别要求,否则客户不要提供以下信息。

①客户希望了解具体的工作内容。

②客户希望了解与工作内容和费用相关的信息。

③客户没有其他担心的问题。

（九）模拟实施

根据上面的描述和要求模拟该活动的角色扮演。

[任务评价]

1.理论知识评价

请完成理论知识评价,如表 3-1-7 所示。

表 3-1-7 理论知识评价

问 题	正 确	错 误
①企业通过客户关系管理可以提升客户的满意度,增加客户的忠诚度,同时可以带来较多的转介绍客户		
②客户档案是企业的重要资源,通常利用客户档案可以建立客户群、扩大业务、提高企业的知名度等		
③客户基本资料的建立包括客户基本资料的收集、整理、录入、保存、更新、取用和应急处理等		
④客户业务资料的建立包括客户购车记录、来访记录、购买配件记录、修车记录、保养记录、跟踪回访记录和投诉记录等		
⑤通过客户的投诉,可以知道维修质量或者产品是否已达到客户的期望,服务作业是否符合客户的需要		
⑥面对客户投诉,服务顾问应争取客户的信任,赢得客户的认同,展现主动、积极的服务形象,培养忠诚客户		
⑦客户希望听到"我会优先考虑处理你的问题"或"如果我无法立刻解决你的问题,我会告诉你我处理的步骤和时间"		
⑧很多时候,客户不满的主要原因是收费不合理		
⑨客户投诉时,服务顾问先处理事情,再处理心情		
⑩客户投诉时,服务顾问要了解客户的需求和真实意图		
⑪客户投诉会有征兆,我们应该洞察征兆,了解投诉可能会造成的危机和严重性		
⑫主导型客户的特征:希望精确,注重事实、数据,做事认真		

2.活动表现评价

请完成活动表现评价,如表 3-1-8 所示。

表 3-1-8 活动表现评价

评价项目	完 成		没有完成
	良 好	有待提高	
①语气、语调和吐词清晰度			
②保持客气和礼貌			
③提问时使用浅显易懂的语言			
④不打断客户谈话			

续表

评价项目	完成		没有完成
	良　好	有待提高	
⑤记录			
⑥做自我介绍,并且说明自己的来电原因			
⑦征得客户同意后,再继续通话			
⑧确认客户的姓名,并在谈话当中使用这一称呼			
⑨仔细倾听并明确客户的要求			
⑩对给客户带来的不便道歉			
⑪确认服务历史记录或上一次维修的派工单			
⑫向客户解释上次维修所做的工作以及由此产生的费用			
⑬确认客户理解并接受解决方案			
⑭询问客户是否还有其他疑虑或问题			
其他表现:			

/任务二/　汽车售后服务客户满意度提升

[任务目标]

- 能叙述影响汽车服务消费行为的因素。
- 能叙述不同群体维修汽车的心理特征。
- 能叙述客户对汽车维修的期望。
- 能叙述客户满意度和客户忠诚度的概念。
- 能叙述客户满意度提升的措施。
- 能叙述影响客户满意度的指标。
- 能叙述客户满意度评价方法。
- 能正确处理右前车门返工事宜。
- 能正确接待并处理事故类车辆业务。

[任务引入]

某汽车维修厂迎来了一位十分挑剔的客户,他刚把车辆开进大门,就立刻指责维修接待员没有引导他把车停在诊断车位上。其实诊断车位有一个非常明显的标志,而且门卫保安在他刚进门时已经向他指示了诊断车位方向。当修理师傅用仪器为他的车诊断故障时,他突然指责维修师傅的仪器刮花了他的车的漆面,其实那是他自己不小心在洗车时留下的刮痕。在做完诊断检查后,他又说车上的一张光碟不见了,最后是修理师傅当着他的面在座位下面找到了那张光碟。看着和颜悦色、彬彬有礼的维修师傅,这位客户觉得很不好意思。从那以后,这位客户成了这家维修厂的回头客。

[任务准备]

一、汽车服务消费行为影响因素

汽车消费者生活在社会之中,个人消费行为自然会受到诸多因素的影响。影响消费者购车、维修的主要因素有基本因素、心理因素、文化因素、社会因素和政策因素等。

1.基本因素

影响消费者购车、维修的基本因素,如表 3-2-1 所示。

表 3-2-1　基本因素

收入	汽车购买力取决于: ①收入水平。 ②商品价格。 ③居民储蓄。 ④家庭债务情况。 ⑤消费信贷等。
	随着家庭收入的增加: ①用于"吃"的支出金额基本不变,但所占比例在下降。 ②用于服装、交通、娱乐、保健等的支出比重上升,特别是高档生活消费品的消费比例大幅上升。 ③随着消费者收入水平的日益增长,用于汽车消费的比例将大幅度增加。
职业	在汽车销售实务中,可以发现某品牌汽车的消费群中有相当比例的客户竟然有着相似的职业特征: ①"物以类聚,人以群分"这句俗语在汽车消费方面表现得十分突出。原因在于汽车的品牌、产地、价位、维修商群体等均带有十分强烈的性格差异,正如不同职业的人们在性格和社会上所扮演的角色有差别一样。 ②当某汽车产品所表现出来的产品特性恰好与某一职业的客户不谋而合时,大家就会不约而同地去选购它。

续表

年龄阶段与家庭生命周期	单身期： 年轻人几乎没有经济负担,消费观念紧跟潮流,注重娱乐,热爱汽车,渴望用汽车来彰显自己的社会地位,但因没有雄厚的经济实力,消费比较稚嫩,用车需求较少。	
	新婚期(结婚 2 年左右)： 经济状况基本稳定,耐用消费品的购买主要在于购车和买房。该阶段的人正处于人生创业阶段,购车是为了方便,消费更加理性。	
	育儿期(结婚 5~6 年)： 开始养育孩子,财富相对有限,期盼改善居住条件,条件较好者开始考虑购车。此阶段工作稳定,对汽车需求有所提升。	
	教育期(结婚 15 年左右)： 从孩子上学到孩子独立,资金积累逐年增加,孩子渐渐长大,方便接送孩子、上班及外出购物等催生了用车欲望。	
	向老期(结婚 20 年左右)： 孩子已经基本独立,经济上不需要家庭太多支持,家庭经济实力雄厚,能够承受较高的消费,有较高的汽车消费能力。	
	孤老期(10~15 年)： 家中只余两人或一人,退休收入减少,消费汽车的欲望明显降低。	
生活方式	①生活方式包括衣食住行、劳动工作、休息娱乐、社会交往、待人接物等物质生活和精神生活的多个层面,它是在一定历史时期与社会条件下,各民族、阶级和社会群体的生活模式。 ②生活方式的不同对人们的消费习惯及社会时尚有着巨大的影响,生活方式不同的群体对汽车消费有着不同的需求。 ③有人追求个性,有人追求时尚,有人讲究安全,有人提倡经济,有人注重操控,有人追求刺激。反映在汽车维修方面,有人讲究安全,有人贪图便宜,有人要求便捷,维修接待人员要准确把握这些需求并尽量满足。	

2.心理因素

影响消费者购车、维修的心理因素,如表 3-2-2 所示。

表 3-2-2　心理因素

动机	动机源自需要： 在汽车维修行为中,客户的汽车出现了使用功能方面、机械性能方面、安全性能方面、外形美观方面等方面的不足或缺陷,就会产生维修需要。
	①营运车辆(如出租车、大客车、货运租赁车等)的客户,维修是基于生存需要,他们要求尽量缩短维修时间,在保证安全的前提下,降低维修费用。因为他们需要以汽车作为生产资料尽快投入生产。 ②私家车车主看重汽车安全性,不会为了节省必要支出而牺牲自己汽车的安全性。 ③机关事业单位用车,则更多地讲究安全性以及汽车自身性能的恢复程度,一般不会在意维修费用的高低。

续表

知觉	知觉是人对事物的各种属性、各个部分以及它们之间关系的综合的、直接的反映,是个体选择、组织并解释感觉的过程。对于同一刺激物,人们会产生不同的知觉。 在汽车维修中,假如车身补漆之后与原来部位存在着比较明显的色差,客户可能会提出异议,这就是知觉在产生作用。
攀比	我国消费者有着比较强烈的攀比消费心理,体现在汽车的不同消费阶段。 ①购买阶段:由于攀比消费,可能会冲动地购买一辆自己暂时不太需要的汽车。 ②使用阶段:出于攀比心理,客户可能会将自己汽车的某项性能、某种装备与朋友的车进行比较,以求得心理的平衡。 ③维修阶段:出于攀比心理,客户会与熟人比较自己维修汽车的同样一个部位所花费的金钱和达到的效果。 所有这一切,都会影响客户使用汽车的态度。
信念	消费者通过对比,对汽车产品、维修服务等形成了某种信念,这会在很大程度上影响其以后的维修消费行为。 汽车维修企业不要试图改变消费者的信念,这会在很大程度上影响其以后的维修消费行为。 汽车维修企业不要试图改变消费者的信念,而应考虑如何改变自己的服务或形象,去迎合消费者的态度。 目前,消费者基本形成了这样的认识态势:在4S店维修,质量可靠、价格较高;在快修店维修,收费低廉、质量一般。

3.社会因素

影响消费者购车、维修的社会因素,如表3-2-3所示。

表3-2-3　社会因素

汽车保有量	在汽车保有量大的区域,汽车维修企业当然会拥有巨大的基本消费群体。 一般来说,汽车保有量越大,汽车维修的业务量就越大。
车主社会角色与地位	根据人们的职业、收入、财产、教育程度、居住区域、住房等因素,可以把社会群体划分出一个个的层次,称为社会阶层。 不同阶层的人们所扮演的角色、社会地位不同,在经济收入、价值观和个人兴趣等方面也有所差异,对汽车的品牌、车型、维修服务等各有偏好。 汽车维修企业应该努力把握好客户的这一心态,稳固一部分消费群体。
家庭	家庭是社会最重要的消费购买组织,家庭成员对家庭购买行为影响很大。一个家庭的结构、成员在家庭中的地位、所处状态等都会影响这个家庭的购买行为。 受传统文化的影响,中国家庭成员在购买过程中,分别承担着不同的角色,往往夫妇中收入较高的一方在家庭中拥有较大的经济支配权。 不同支配类型的家庭,在购买大宗消费品时其决定权是不一样的。客户家庭是属于丈夫支配型、妻子支配型还是共同支配型,值得研究。 在接待私家车的维修客户时,不要轻易怠慢客户的其他家庭成员。

4.文化因素

文化是在人们社会实践中逐渐形成的,包括人们的价值观念、伦理道德、风俗习惯、宗教信仰、语言文字等。每个消费者都生活在一定的文化环境中,其价值观念、生活方式、消费心理、购买行为等,都受到文化环境的深刻影响,如表3-2-4所示。

表3-2-4 文化因素

文化背景、文化水平、汽车专业知识	不同文化背景下的消费者有着不同的偏好。消费者所接受的教育程度与其收入、社会交往范围、居住环境以及消费习惯等均有着密切的关系。 接受教育程度越高的消费者,对消费需求的理性色彩越浓,如公务员、教师、医生等受教育程度较高的群体,汽车消费相对理性,他们讲究实用性,较多地考虑汽车的安全性、价格,而对驾驶刺激、汽车外观的要求相对较低。 汽车专业知识较多的客户,对汽车维修的针对性比较明显。 汽车维修企业要关注消费者的文化背景、文化水平、汽车专业知识等,向客户有的放矢地提供维修服务。
社会习俗	社会习俗是社会风尚、礼节和习惯的总称。 习俗是在长期社会生活中形成的,其无形力量十分强大,常常会形成消费者的共同购买行为,形成消费习俗。 消费习俗随着经济的发展不断变化,与人们的信仰、生活地理位置和社会生活联系在一起。 节假日消费、信仰性消费,应该被汽车维修商加以注意或利用。
亚文化	亚文化是存在于一个较大社会群体中的某一较小范围的社会群体所具有的特色文化,这种特色按照语言、信仰、价值观、风俗习惯的不同,可分为民族亚文化、宗教亚文化、地理亚文化等。 例如,由于地理位置、气候、经济发展水平、风俗习惯的差异,我国可明显地分出南方、北方或东部沿海、中部、西部内陆区等亚文化群。不同地区的生活习惯有所差异,消费行为自然不同。 在进行汽车维修时,有些人可能很挑剔,认为我既然花了钱,你就要将我的车修好,有一点瑕疵也不行;另外一类人可能就不那么斤斤计较。这就对汽车维修提出了不同的质量要求。

二、不同群体汽车维修心理分析

不同的客户,在进行汽车服务消费时,心理特征也不尽相同。作为一名汽车维修接待人员,要了解不同客户的维修心理,并根据客户预期尽量满足其消费需求,使客户"乘兴而来,满意而归"。

根据我国目前汽车的使用情况,客户大致可以分为:私家车客户、营运车辆客户和公务用车客户等。

1.私家车主维修心理

我国属于发展中国家,居民的人均收入水平及购买力水平相对较低,仍然处于较低购买力水平的阶段,所购买的汽车以中低档的乘用车为主。

但是,我国地域广阔、人口众多,各地经济发展水平不尽相同,居民的消费理念也相差甚远。因此,虽然汽车,尤其是较高档次的汽车人均拥有率未必很高,但在部分地区其绝对数却可能是一个非常可观的数据。

对于中国的绝大多数家庭来说,汽车均属于家庭中的高档耐用消费品。私家车主对自己的汽车相当爱惜,当出现问题需要维修时,都会比较着急。但是,基于车主的性格、收入、对汽车的依赖程度等因素的不同,进行维修时也会有不同的选择倾向,如表3-2-5所示。

表3-2-5　私家车主维修心理分析

车主类型	车主心理分析
家庭经济状况良好	家庭汽车一般属于中高档次,汽车既是其代步工具,也是其身份的象征
	出现故障时一般会选择到正规的4S店维修
	选择维修地点时,主要考虑维修质量,要求使用原厂配件、采用规范的维修作业流程。只要来一次维修店,就希望将已经呈现出来的故障、尚未呈现出来的隐患统统解决,对于维修价格则不太在乎
家庭经济状况一般	家庭汽车一般属于中低档次,家庭汽车纯粹属于代步工具,很少考虑汽车作为身份地位的象征
	汽车出现故障时,如果不是在保修期内或者由保险公司承担责任,而是需要自己承担修车费用时,许多人会选择到具有价格优势的普通维修厂,或者直接到汽配商城购件更换
	对选择正宗零配件、规范维修作业流程的欲望,可能会让位于维修价格的低廉
作为基本代步工具的车主	希望维修厂能尽早修好自己的爱车。假如维修时间过长,就可能会影响到自己的正常工作与生活(如上下班、接送孩子、外出郊游等);而维修价格、维修工艺、配件是否正宗等维修要素,都可以商量让步

2.营运车主维修心理

(1)营运车主定义

所谓营运就是营业性运输,也称为经营性运输。它是指独立核算的运输企业或者以运输为业的个体经营者,以运输车辆作为基本工具,以道路货物运输或旅客运输作为经营内容,以收取运费获利作为主要目的的道路运输活动。

参与营运活动的车辆就是营运车辆,拥有营运车辆的车主就是营运车主。

道路运输经营,包括道路旅客运输经营(以下简称"客运经营")和道路货物运输经营(以下简称"货运经营")。

(2)货运经营要求

《中华人民共和国道路运输条例》规定:道路货物运输经营者必须拥有与其经营业务相适应并经检测合格的车辆,并且危险货物运输要用专用车辆并配备必要的通信工具,有健全的安全生产管理制度。

（3）客运经营要求

道路客运经营,是指用客车运送旅客、为社会公众提供服务、具有商业性质的道路客运活动,包括班车客运、包车客运、旅游客运。

道路客运及客运站经营者应当遵循依法经营、诚实信用、公平竞争、优质服务、以人为本、安全第一的宗旨。

国家相关部门对于客运车辆的技术要求、客车类型的等级等都有严格的规定。严禁任何单位和个人为客运经营者指定车辆维护企业。客运经营者应当依据国家有关技术规范对客运车辆进行定期维护,确保客运车辆技术状况的良好。

客运车辆的维护作业项目和程序应当按照国家标准《汽车维护、检测、诊断技术规范》（GB/T 18344—2016）等有关技术标准的规定执行。

客运经营者应当定期对客运车辆进行检测,车辆检测结合车辆定期审验一并进行。

客运经营者应在规定时间内,到符合国家相关标准的机动车综合性能检测机构进行检测,客运车辆技术等级分为一级、二级和三级。

（4）营运车辆的检测要求

机动车综合性能检测机构,应按照国家标准《营运车辆综合性能要求和检验方法》（GB 18565—2015）和《道路车辆外廓尺寸、轴荷及质量限值》（GB 1589—2004）的规定进行检测,出具全国统一式样的检测报告,并依据检测结果,对照行业标准《营运车辆技术等级划分和评定要求》（JT/T 198—2004）进行车辆技术等级的评定。

机动车综合性能检测机构,应当使用符合国家和行业标准的设施、设备,严格按照营运车辆技术检测标准对客运车辆进行检测,如实出具车辆检测报告,并建立车辆检测档案。

（5）营运车主维修心理

营运车主维修自己的车辆时所具有的心态如表3-2-6所示。

表3-2-6 营运车主维修心理分析

从事客运的车主	他们需要正点开车接送旅客,一旦错过了时机,不仅会损失客运收入,而且还会面临客运管理部门的处罚。因此,对维修时间的要求是第一要素,尤其是在节假日,必须确保能按时出车。
	由于运送的是旅客,人命关天、安全第一,所以车主在维修车辆时,一般会选择正规的、有资质的维修企业。非常重视汽车的维修质量。
	目前我国客运车辆的属性,绝大多数属于挂靠（真正的车主其实是个人）,维修成本由个人承担,维修价格也是车主需要考虑的一个重要因素。
从事货运的车主	车辆运输的主要是各种货物（包含危险品）,对车辆的要求主要是安全、耐用、高效,而对车辆的舒适性则要求较低。
	日常维修时,可以选择便利、高效、价格公道的维修厂。
	大修时,则一般会到具有较高资质的正规维修厂去接受维修服务。

3.公务车用户维修心理

公务用车(包括党政机关、企事业单位等)是指因工作需要,由单位支付购置、运行、维修经费的车辆,包括单位领导用车、代表单位履行公务活动用车以及参加其他活动时单位派出的车辆。

一般来说,各单位都规定了公务用车的保险、维修、加油的定点供应商(或维修商),明确了保险公司、维修单位、供油单位、使用单位等相关部门的职责。同时,与定点供应商(或维修商)联网,实时跟踪与监控,以便堵住公务用车管理中的漏洞,公务车用户维修心理,如表3-2-7所示。

表 3-2-7　公务车用户维修心理

特　点	因公派车,而公事是不能耽搁的
	所有费用由单位支付
	公务用车对维修费用的在意程度相对较低
	主要考虑的是车辆的维修质量、外观整洁、维修及时等
维修选择注意事项	一般会选择到正规的4S店或特约维修站,对零配件的选择则以质量作为首选要素
	实际操作中,部分公务用车的管理人员与维修厂人员有可能相互勾结,偷梁换柱,采用副厂配件,却按正规配件结账

三、客户汽车服务期望的种类

对于不同的客户,其期望是有区别的,这取决于顾客的性别、年龄、受教育的程度和个人经历等因素的影响。即使是以上各种条件相同,但因个体不同,其期望也会有所差异,但大体上分为一般期望、理想期望和最高期望。

(1)一般期望

一般期望即满足其最基本的要求,如客户来企业维修车辆,企业应按质、按时修好汽车。

(2)理想期望

理想期望即满足其设想的条件,如企业在保证按质、按时维修好车辆的同时,还有非常好的服务态度且收费合理。

(3)最高期望

最高期望即满足于自己设想的最理想的期望,如除满足以上两点外,修理企业还对其提供了有关车辆使用的注意事项,并提供了一些免费服务等。

四、客户对汽车维修的期望

(1)第一次就能按照正确的方法将车辆修理好

严格按照维修的各项规范进行维修作业;维修作业过程具有可视化,提高维修的透明度;一次即能修复有关故障。

（2）维修接待员应表现出对客户维修应有的关注和重视

到达维修中心时,能立即得到友好亲切的接待;维修接待过程中表现出关切客户维修需要;在开始维修工作前,陪同顾客一起检查车辆,说明有关故障情况;在开始维修工作前,精确地预计维修结束时间,维修结束时提醒提车时间。对待顾客应诚实真挚,无欺骗行为。

（3）在维修服务中心维修车辆时,应方便快捷

维修服务中心应迅速确定维修预约;预约应安排在客户最方便的时间进行。

（4）就所实施的维修项目进行清晰详尽的说明

交车时应向顾客说明所实施的全部维修项目和费用;交车时向顾客提供车辆将来所需要的维护保养建议;可以在维修价格上给予一定的优惠。

（5）对出现的问题或顾客所关注的事项作出迅速反应

就有关事项与售后服务中心第一次联系时,立即做出答复或解决客户所关注的问题;售后服务中心应向客户提供清晰有益的建议;严格履行对顾客所作的承诺。

（6）维修服务中心舒适的服务环境

维修服务中心要有让顾客感到舒适的休息环境;维修服务中心要干净、整洁,体现高品质;维修服务中心的人员要符合同客户打交道的要求。

五、客户满意度

1.客户满意的概念

美国营销学会对满意的定义:满意=期望-结果。

营销大师菲利普·科特勒的观点:满意是一种感觉状态的水平,它来源于对一件商品所设想的绩效或产出与人们的期望所进行的比较。

2.客户满意度的概念

客户满意度是指一种以顾客为核心、以信息技术为基础,客户对我们为其提供的真诚服务,依据自身的感受,给予我们的综合评价。是"客户的期望"与"客户的体验"相对比的结果。客户满意度不是一个瞬间值,只会在踏踏实实的日常管理中不断提升。

从传统的角度来讲,客户满意度主要是一种事后监测的工具。随着汽车市场的不断发展繁荣、竞争加剧,客户对购车以及服务的期望、要求越来越高。因此,对待客户满意度的态度也必然要发生变化:主动创造满意,更重于被动接受反馈。

认识客户满意,分析影响客户满意的因素将是汽车企业和汽车行业从业人员必须要面对的一个课题。

六、客户忠诚度

1.客户忠诚度概念

客户忠诚是从客户满意概念中引出的概念,是指客户满意后而产生的对某种产品品牌或公司的信赖、维护和希望重复购买的一种心理倾向。客户忠诚是客户一种持续性的行为,客户忠诚度是指客户忠诚于企业的程度。

客户忠诚是企业取得竞争优势的源泉,因为忠诚客户趋向于购买更多的产品、对价格更

不敏感,而且主动为本企业传递好的口碑、推荐新的客户。

通过合适的客户保持战略,不断强化客户的关系持续意愿,最终建立客户忠诚度,从而实现长期稳定的客户重复购买。因此,客户忠诚度是企业所追求的根本目标。

调查表明,吸引一个新顾客,要比留住一个老顾客的成本高5倍。

2.影响客户忠诚的要素

要使一个客户对你的品牌满意,必须具备3个要素,即吸引人的革新产品、高质量的产品、愉快的购买经历。吸引人的革新产品即产品的设计要与竞争对手不一样,要创新、开发和设计一些很吸引人的新产品。高质量的产品,即生产线上生产出来的产品质量要好。愉快的购买经历,即客户到维修中心维修的时候能够感到愉快。

七、客户满意度提升的措施

1.提升客户满意度,关键要转换观念

(1)理解客户满意的服务品质

①可靠:第一次就将服务做好。

②反应:提供服务的意愿与待命程度。

③能力:拥有执行服务所需的技术与知识。

④接近:接触客户的亲和力。

⑤礼貌:尊重、体贴、友善的业务人员。

⑥沟通:以客户能了解的语言解说,并且倾听客户的叙述。

⑦信任:信赖、相信、诚实。

⑧安全:没有危险、风险或怀疑。

⑨了解:努力了解客户的需求。

⑩有形:客户满意,服务看得见。

(2)树立深得客户人心的九项服务理念

①销售的目的是让客户满意,赚钱只是客户满意后自然发生的副产品。

②提高服务品质绝不需要增加时间成本,正确的服务策略是要把时间资源做最有效的运用。

③业务人员愿意改变工作态度,把客户的满意当成工作守则。这是个人的责任,也是部门内全体员工的责任。

④客户要奶茶,你给他一杯咖啡。这不但没有满足客户的需求,反而浪费资源,造成客户抱怨。

⑤客户服务范围的界定,是你提供令其最满意或超越其期望服务的基础。

⑥得罪一个客户前,请先考虑他周遭的朋友可能带给你的冲击:当他结婚或聚会时可能有多少位亲朋好友到场,而这个数字很可能就是你失去的客户数,反之亦同。

⑦开发一个新客户比维持一个老客户通常要多花费6倍以上的时间与精力。

⑧你到餐厅用餐时,发现餐盘有裂痕,此时你所联想到的可能不尽合理,但是几乎所有

的客户都会有这种联想。

⑨客户满意指数与客户感受永远成正比,却与客户期望值永远成反比。

（3）树立主动工作的观念

①主动创造满意的首要问题是要形成一种"经营客户满意"的意识。当我们提供产品和服务时,同时也经营着一种特殊的商品——客户满意。这种特殊商品的影响程度远远大于我们提供的产品和服务的本身。

②主动创造满意的关键问题是将客户的需求和期望转化为看得见、摸得着的考核指标、服务规范和行为准则等。

③"主动创造客户满意"不能仅仅停留在思想意识的层面,它必须要依靠管理和流程上的制度来指导、控制、评价和跟进。

④主动创造满意需要通过"全体总动员"来实现。汽车企业应将主动创造客户满意的意识要求转化为具体的方式和手段,并为员工所接受,在实施中充分发挥员工的积极性、创造性和主观能动性。

2.影响客户满意度的指标

（1）正确完成维修工作

对正确完成维修工作的评价如表3-2-8所示。

表3-2-8　对正确完成维修工作的评价

考核点	问题诊断
故障诊断能力	①服务人员是否经过专业培训。 ②服务人员是否会使用专业的设备进行诊断。 ③服务人员是否能够很快找到故障。
维修能力	①在维修过程中操作是否熟练。 ②是否能选择经济、合理的维修方式。
维修工作的解释	①整个故障诊断维修过程是否透明,是否能让客户了解。 ②是否有专人为客户讲解维修的流程及可能产生的问题。

（2）返修

对返修的考核点如表3-2-9所示。

表3-2-9　对返修的考核点

考核点	问题诊断
故障一次解决	车辆全部故障能顺利解决（包括已发现的问题和潜在的问题）
隐患预防	①服务人员是否主动提示过客户的车辆未来可能会出现的问题。 ②服务人员是否就问题产生的原因向客户作出了合理的解释。 ③服务人员是否就车辆保养方面的注意事项向客户进行了说明。

（3）服务物有所值

对服务物有所值的考核点如表 3-2-10 所示。

表 3-2-10　对服务物有所值的考核点

考核点	问题诊断
收费合理性	①服务所收费用是否都有可靠依据。 ②服务人员是否向客户详细解释了结算清单的内容,并得到了客户的认可。 ③是否具备舒适的环境。
优惠政策	①是否向老客户给予了足够的优惠。 ②是否为客户提供了一些免费服务的项目。
服务效率	①从接待到维修的整个服务流程是否简洁明了,是否有助于提高工作效率。 ②人员配备是否合理。
附加服务和服务的细化要求	①是否在维修保养之外,为客户提供其他附加服务,如打蜡、检查胎压等。 ②是否对客户(尤其是老客户)的车辆了如指掌,能够根据车辆问题给予针对性的使用建议。 ③是否能够提供多样化、人性化服务,如 24 小时救援服务。

（4）服务人员的友善程度

对服务人员的友善程度考核点如表 3-2-11 所示。

表 3-2-11　对服务人员的友善程度的考核点

考核点	问题诊断
服务主动性	①客户进门是否主动问候、接待并引导。 ②服务人员是否主动了解客户的需求。 ③服务过程中是否主动与客户保持沟通、交流。
言行规范性	①服务人员是否使用规范的礼貌用语。 ②是否情绪平和,精力充沛。 ③是否会与其他人闲聊、开玩笑或做与工作无关的事。
服务一致性	①任何时候、任何场合,客户每一次到店是否都能得到同等接待。 ②新、老客户的接待是否有差异。

（5）解释维修保养工作的必要性

对解释维修保养工作的必要性的考核点如表 3-2-12 所示。

表 3-2-12　对解释维修保养工作必要性的考核点

考核点	问题诊断
解释主动性	①是否能够及时发现客户的疑虑。 ②是否主动向客户作出解释。
解释内容的全面性	是否根据客户车辆情况,详细解释了维修保养工作的必要性。
解释内容的可信度	①解释内容是否能够经得起客户的验证。 ②是否有专业仪器的检测结果作为依据。
解释内容的针对性	①解释时是否针对了客户的疑虑。 ②解释的内容是否得到了客户的认可和理解。

（6）对客户要求的倾听与解答

对客户要求的倾听与解答的考核点如表 3-2-13 所示。

表 3-2-13　对客户要求的倾听与解答的考核点

考核点	问题诊断
态度热情	①是否能够热情解答客户提出的问题。 ②是否能够很耐心地倾听客户的需求或疑问。
服务主动性	①是否能主动地与客户交流。 ②是否能够询问车主需求及车况,并能够主动地解释维修工作和产生故障的原因。
解答专业性	①是否具备专业的相关产品知识、维修技能、车辆常识。 ②是否能够圆满地认真解答客户疑问、解决车辆问题。
及时性	对于客户的需求,是否能够及时解决。

（7）对结算清单的解释工作

对结算清单解释工作的考核点如表 3-2-14 所示。

表 3-2-14　对结算清单解释工作的考核点

考核点	问题诊断
态度热情	①是否能够热情解答客户提出的质疑。 ②是否能够很耐心地解释结算清单。
服务主动性	①是否能主动地向客户进行说明。 ②是否能够询问车主需求及车况,并能够主动地解释维修工作以及费用发生的原因。

续表

考核点	问题诊断
解释内容的全面性	是否逐项向客户清楚解释了结算清单中的所有工作和费用项目发生的原因。
维修项目合理性	维修/保养过程中是否考虑了客户的需求,针对车辆设置了合理的项目及收费。

（8）车辆的整洁程度

对车辆的整洁程度的考核点如表 3-2-15 所示。

表 3-2-15　对车辆的整洁程度的考核点

考核点	问题诊断
服务人员的专业性	①服务人员是否会穿着污浊的工作服进入车内或坐在未罩防护套的座椅上。 ②维修保养过程中,车内是否罩好各种防护套。
设备齐全性	①车辆清洗设备是否齐全。 ②是否具有合适的车辆清洗场所。 ③车内防护套是否配备齐全。
车辆整洁程度	①车辆外部是否有污渍。 ②车辆外部是否有在维修、保养、清洗过程中服务人员造成的损坏。 ③服务人员在维修、保养后是否会在用户在场时主动取走座椅套、脚垫、叶子板护罩、转向盘套等。

客户关系管理的目的是提高客户满意度。

目前各个品牌的汽车主机厂都有自己的汽车服务流程和执行标准,按照流程和标准执行是提高客户满意度的基础。在流程和标准执行的过程中,要注重流程和标准可改善之处,改善的重点是补齐短板。

八、客户满意度评价方法

为了提升汽车服务企业的服务水平,确保广大客户的用车利益,交通运输部 2014 年 4 月 15 日发布了《汽车售后服务客户满意度评价方法》(JT/T 900—2014),该方法于 2014 年 9 月 1 日正式实施。该标准规定了汽车售后服务客户满意度评价指标、调查方法和评价方法。适用于所有取得汽车生产企业相应品牌售后服务授权的汽车维修企业。

该标准明确了什么是汽车售后服务(客户在购买汽车之后,汽车制造商与经销商提供的与车辆属性相符合的多种形式的服务);明确了客户满意度(CSI)的定义(客户期望值与客户体验的匹配程度,即客户通过对一种产品可感知的效果与其期望值相比较后得出的指数)。

标准指出了客户满意度评价指标的6个维度。

①规范性:汽车维修企业遵守国家法律法规、行业管理规范的情况。

②公开性:汽车维修服务价格、项目以及维修过程对消费者公开的程度。

③人性化:汽车维修过程中服务态度以及为消费者提供的服务围绕消费者展开的程度。

④便捷性:汽车到达维修场所及维修过程的方便程度。

⑤专业性:汽车维修企业人员技能以及在维修质量上的专业化程度。

⑥服务费用合理性:汽车维修企业在工时以及配件价格计费等方面的客户满意情况。

[任务实施]

活动一 右前车门返工事宜的处理

一、活动前的准备工作

活动前的准备工作如表3-2-16所示,将学生分成4组进行。

表3-2-16 活动前的准备工作

序 号	名 称	数 量	单 位	备 注
1	汽车	4	辆	根据本校实际情况选择车型
2	维修接待台及椅	4/8	个/把	
3	洽谈桌及椅	4/8	个/把	
4	收银台及椅	4/8	个/把	
5	饮水机	4	台	
6	饮料、纸杯	若干	瓶/包	
7	接车板夹	8	个	
8	笔	8	支	
9	计算机	4	台	
10	打印机	4	台	
11	白手套	2	副	
12	三件套	若干	套	
13	维修保养手册	4	本	
14	计时器	4	个	

二、活动描述

（一）主题

一客户要求右前车门返工维修，服务顾问进行接待。

（二）角色扮演的学习目标

在完成角色扮演之后，服务顾问能够按照客户应对标准流程来接受客户的返工维修预约。

（三）角色扮演的目的

服务顾问应能按照客户要求成功填写派工单以及预约控制日志。

（四）情景

日期：×月×日。

这是一项关于右前车门无法顺利关闭的返修工作，客户希望车辆尽快消除故障。

（五）车辆信息

车辆型号：×××。

里程：58 638 km。

购买日期：2013 年 8 月 15 日。

（六）客户要求与期望

①客户上次联系的是另一位服务顾问。

②客户上周要求对右前车门进行调整，但是现在车门仍然很难关闭。

③尽管状况比先前稍好，但是客户仍不得不使劲关闭车门以确保其关闭。

④客户与上次联系的服务顾问确认过原因，但是由于过于匆忙，并没有在交车时予以确认。

⑤客户希望在第三天早上 8:00 取车。

（七）客户角色的要求

客户致电服务顾问，以便解决上次到访时未能解决的右前车门调整问题。在角色扮演中，除非服务顾问特别要求，否则客户不要提供以下信息。

①上次联系的是另一位服务顾问。

②上周要求对右前车门进行调整，但是现在车门仍然很难关闭。

③尽管状况比先前稍好，但是仍不得不使劲关闭车门以确保其关闭。

④与上次联系的服务顾问确认过原因，但是由于过于匆忙，并没有在交车时予以确认。

⑤希望在第三天早上 8:00 取车。

（八）观察员角色的要求

在角色扮演中，观察员要注意观察客户致电服务顾问的过程，以便解决上次到访时未能解决的右前车门调整问题。同时重点观察服务顾问是否关注了客户的要求和期望。

①客户上次联系的是另一位服务顾问。

②客户上周要求对右前车门进行调整，但是现在车门仍然很难关闭。

③尽管状况比先前稍好,但是客户仍不得不使劲关闭车门以确保其关闭。

④客户与上次联系的服务顾问确认过原因,但是由于过于匆忙,并没有在交车时予以确认。

⑤客户希望在第三天早上 8:00 取车。

(九)模拟实施

根据上面的描述和要求模拟该活动的角色扮演。

活动二 事故类车辆业务接待处理

一、活动前的准备工作

活动前的准备工作如表 3-2-17 所示,将学生分成 4 组进行。

表 3-2-17 活动前的准备工作

序 号	名 称	数 量	单 位	备 注
1	汽车	4	辆	根据本校实际情况选择车型
2	维修接待台及椅	4/8	个/把	
3	洽谈桌及椅	4/8	个/把	
4	收银台及椅	4/8	个/把	
5	饮水机	4	台	
6	饮料、纸杯	若干	瓶/包	
7	接车板夹	8	个	
8	笔	8	支	
9	计算机	4	台	
10	打印机	4	台	
11	白手套	2	副	
12	三件套	若干	套	
13	维修保养手册	4	本	
14	计时器	4	个	

二、活动描述

(一)主题

客户在车辆发生事故后到店维修,服务顾问进行接待。

(二)角色扮演的学习目标

在完成角色扮演之后,服务顾问能够按照客户应对标准流程来接受客户有关车辆维修和汽车保险理赔的咨询。

(三)角色扮演的目的

服务顾问通过与客户的交谈了解车辆的出险经过、车辆所购买的险种、车辆的损失情况,根据事故车辆的险种和损失情况,对车辆维修时间和维修费用进行预估,协助客户进行车辆的保险理赔。

(四)情景

日期:×月×日。

客户的车辆发生事故后,到×××特约服务站进行维修。车辆的事故经过:车辆在急转弯时与一块大石头相撞,造成前保险杠破损。

(五)车辆信息

车辆型号:×××。

里程:50 643 km。

购买日期:2013 年 7 月 21 日。

(六)客户要求与期望

①车辆购买了保险,客户想知道本次事故能否进行索赔,以及如何进行索赔。

②事故车辆维修需要花费的时间和需要做的维修项目。

③客户需要有接送车或用汽车将其送到最近的地铁站口。

④客户想知道 4S 店能否帮助其进行索赔。

⑤进行索赔时,客户需要提供哪些材料。

⑥维修后,车辆能否达到事故前的效果。

(七)客户角色的要求

假如你是客户,你能否得到服务顾问的热情帮助。在角色扮演中,除非服务顾问特别要求,否则客户不要提供以下信息。

①车辆购买了保险,想知道本次事故能否进行索赔,以及如何进行索赔。

②事故车辆维修需要花费的时间和需要做的维修项目。

③需要有接送车或用汽车将自己送到最近的地铁站口。

④想知道 4S 店能否帮助其进行索赔。

⑤进行索赔时,客户需要提供哪些材料。

⑥维修后,车辆能否达到事故前的效果。

（八）观察员角色的要求

在角色扮演中,观察员要重点观察服务顾问是否注意到了以下事实。

①车辆购买了保险,客户想知道本次事故能否进行索赔,以及如何进行索赔。

②事故车辆维修需要花费的时间和需要做的维修项目。

③客户需要有接送车或用汽车将自己送到最近的地铁站口。

④客户想知道4S店能否帮助其进行索赔。

⑤进行索赔时,客户需要提供哪些材料。

⑥维修后,处理能否达到事故前的效果。

（九）模拟实施

根据上面的描述和要求模拟该活动的角色扮演。

[任务评价]

1.理论知识评价

请完成理论知识评价,如表3-2-18所示。

表 3-2-18　理论知识评价

问　　题	正　确	错　误
①影响消费者购车、维修的主要因素有基本因素、心理因素、文化因素、社会因素和政策因素等		
②作为一名汽车维修接待人员,要了解不同客户的维修心理,并根据客户预期尽量满足其消费需求,使客户"乘兴而来,满意而归"		
③私家车主对自己的汽车相当爱惜,当出现问题需要维修时,都会比较着急		
④客运经营者应当依据国家有关技术规范对客运车辆进行定期维护,确保客运车辆技术状况良好		
⑤一般来说,各单位都规定了公务用车的保险、维修、加油的定点供应商(或维修商)		
⑥不同的客户,其期望是有所区别的,这取决于顾客的性别、年龄、受教育的程度和个人经历等因素		
⑦客户满意度是指一种以顾客为核心、以信息技术为基础,客户对我们为其提供的真诚服务,依据自身的感受,给予我们的综合评价		
⑧客户忠诚是企业取得竞争优势的源泉,因为忠诚客户趋向于购买更多的产品,对价格不敏感,而且主动为本企业传递好的口碑、推荐新的客户		
⑨调查表明,吸引一个新顾客,要比留住一个老顾客的成本高5倍		

2.活动表现评价

（1）请完成活动一表现评价，如表 3-2-19 所示。

表 3-2-19　活动表现评价

评价项目	完 成		没有完成
	良　好	有待提高	
①语气、语调和吐词清晰度			
②保持客气和礼貌			
③提问时使用浅显易懂的语言			
④不打断客户谈话			
⑤记录			
⑥立即接听电话(铃响 3 声之内)			
⑦报出公司名称、自己的姓名并提供帮助			
⑧确认数据库中的客户信息			
⑨通过提问，弄清客户担心的问题或服务需求			
⑩在日志中输入有关客户要求的说明			
⑪询问客户最方便在什么日期和时间进行预约			
⑫确定能够交车的日期和时间			
⑬告知客户，预估时间将在他将车送交特许经销商后得到确认			
⑭重复客户预约的相关信息			
⑮向客户致谢，结束谈话			
其他表现：			

（2）请完成活动二表现评价，如表 3-2-20 所示。

表 3-2-20　活动表现评价

评价项目	完 成		没有完成
	良　好	有待提高	
①语气、语调和吐词清晰度			
②保持客气和礼貌			

续表

评价项目	完成		没有完成
	良好	有待提高	
③提问时使用浅显易懂的语言			
④不打断客户谈话			
⑤记录			
⑥客户到店礼貌迎接			
⑦报出公司名称、自己的姓名并给客户提供帮助			
⑧在对话过程中询问并称呼客户的姓名,询问车辆出险时是否报案			
⑨对老客户,应确认其信息			
⑩通过提问,弄清客户担心的问题或服务需求			
⑪在保险公司在场的情况下,对客户的事故车辆进行定损,确定维修项目、所需时间、所需费用			
⑫接受客户事故车辆的维修项目、所需时间、所需费用			
⑬与保险公司进行谈判,协商车辆维修需产生的费用,对车辆进行维修			
⑭确定交车时间			
⑮维修过程中发现新问题时,与客户和保险公司进行沟通,并进行补充定损			
⑯向客户介绍索赔时需提交的材料			
⑰维修后,对所产生的费用向客户解释,让客户在相关单证上签字,并进行结算			
⑱维修后向客户致谢,欢送客户,并进行代理索赔			
其他表现:			

附 录

2011-10-08 发布   2012-01-10 实施

中华人民共和国交通运输部　发布

中华人民共和国交通运输行业标准

JT/T 816—2011

机动车维修服务规范

Service Specification for motor vehicle maintenance and repair

1　范围

本标准规定了机动车维修服务的总要求、维修服务流程、服务质量管理及服务质量控制等内容。

本标准适用于汽车整车维修企业和发动机、车身、电气系统、自动变速器专项维修业户,其他的机动车维修企业可参照执行。

2　规范性引用文件

下列文件对于本文件的应用是必不可少的。凡是注日期的引用文件,仅注日期的版本适用于本文件。凡是不注日期的引用文件,其最新版本(包括所有的修改单)适用于本文件。

GB/T 3798.1 汽车大修竣工出厂技术条件 第1部分:载客汽车

GB/T 3798.2 汽车大修竣工出厂技术条件 第2部分:载货汽车

GB/T 3799.1 商用汽车发动机大修竣工出厂技术条件 第1部分:汽油发动机

GB/T 3799.2 商用汽车发动机大修竣工出厂技术条件 第2部分:柴油发动机

GB/T 5624 汽车维修术语

CB/T 16739.1 汽车维修业开业条件 第1部分:汽车整车维修企业

GB/T 16739.2 汽车维修业开业条件 第2部分:汽车专项维修业户

GB/T 18344 汽车维护、检测、诊断技术规范

GB/T 21338 机动车维修从业人员从业资格条件

3 术语和定义

GB/T 5624 所界定的以及下列术语和定义适用于本文件。

3.1

客户 customer

接受机动车维修服务的组织或个人。

3.2

机动车维修服务 service for motor vehicle maintenance and repair

机动车维修经营者（以下简称经营者）向客户提供机动车维护和修理及相关活动的总称。

3.3

整车修理 whole motor vehicle repair

通过修复或更换机动车零部件（包括基础件），恢复机动车完好技术状况和完全（或接近完全）恢复机动车寿命的修理。

3.4

原厂配件 original eqipment manufacturer parts

纳入车辆生产厂家售后服务体系和配件供应体系的配件。

3.5

副厂配件 aftermarket parts

未经车辆生产厂家授权的车辆配件生产厂家生产并符合相关技术标准的配件。

3.6

修复配件 refurnished parts

修复后，经过检验达到相应技术标准要求的配件。

4 总要求

4.1 经营者应按照 GB/T 16739.1 和 GB/T16739.2 的规定，根据维修车型种类、服务能力和经营项目，具备相应的人员、组织管理、安全生产、环境保护、设施、设备等条件，并取得机动车维修经营许可等相关证件。

4.2 经营者应依法经营、诚实守信、公平竞争、优质服务，在经营场所的醒目位置悬挂全国统一式样的机动车维修标志牌。

4.3 经营者应将主要维修项目收费价格、维修工时定额、工时单价报所在地道路运输管理机构备案。发生变动时，应在变动实施前重新报备。

4.4 经营者应在业务接待室等场所醒目位置公示以下信息：

a) 机动车维修经营许可证、工商营业执照、税务登记证明；

b) 业务受理程序；

c) 服务质量承诺；

d) 客户抱怨受理程序和受理电话（邮箱）；

e）所在地道路运输管理机构监督投诉电话；

f）经过备案的主要维修项目收费价格、维修工时定额、工时单价，常用配件现行价格；

g）维修质量保证期；

h）企业负责人、技术负责人及业务接待员、质量检验员、维修工（机修、电器、饭金、涂漆）、价格结算员照片、工号以及从业资格信息等；

i）提供汽车紧急维修救援服务的，应公示服务时间、电话、收费标准。

4.5 汽车整车维修企业应建立维修服务信息化管理系统，对客户信息、维修流程、配件采购与使用、费用结算等进行管理。

4.6 经营者对原厂配件、副厂配件和修复配件应明码标价，并提供常用配件的产地、生产厂家、质量保证期、联系电话等相关信息资料，供客户查询。有条件的经营者可配备计算机、触摸屏等自助电子信息查询设备。

5 维修服务流程

5.1 建立服务流程

机动车维修服务流程见图1。经营者可依据自身规模、作业特点建立适用本企业的维修服务流程。

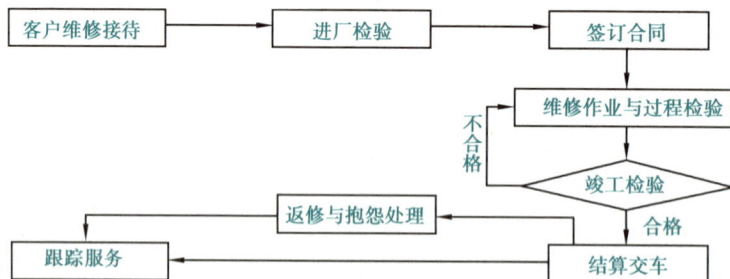

图 1　机动车维修服务流程

5.2 客户维修接待

5.2.1 客户接待

5.2.1.1 客户接待主要包括进厂维修接待、预约维修接待、紧急维修救援接待。

5.2.1.2 业务接待员应遵守礼仪规范，主动热情，真诚友好，仪表端庄，语言文明，自报工号，认真听取客户关于车况和维修要求的陈述，并做好记录。

5.2.1.3 业务接待员应能及时为客户提供咨询服务。

5.2.2 维修接待

5.2.2.1 进厂维修接待

5.2.2.1.1 车辆进厂时，业务接待员应查验车辆相关证件，与客户一起进行环车检查，并办理交接手续。检查时，对于可能造成污损的车身部位，应铺装防护用品。

5.2.2.1.2 客户寄存随车物品，应在车辆交接单上详细记录，并妥善保管。车辆交接单经客户签字确认。

5.2.2.1.3 业务接待员应安排需要等待维修车辆的客户休息。

5.2.2.2 预约维修接待

5.2.2.2.1 经营者可通过电话、短信、网络等渠道受理预约维修服务,可采用回访、告示等方式提示客户采用预约维修服务。

5.2.2.2.2 业务接待员应根据客户意愿和企业条件,合理确定维修车辆维修项目和进厂时间。经双方确认后,做好人员、场地、设备、配件准备,按时安排车辆维修。

5.2.2.2.3 车辆进厂时,按 5.2.2.1 的要求进行。

5.2.2.3 紧急维修救援接待

5.2.2.3.1 经营者可通过电话、短信、网络等渠道受理紧急维修救援业务。

5.2.2.3.2 业务接待员接到求救信息后,应详细记录求救客户姓名、车牌号码、品牌型号、故障现象、车辆所在地、联系电话等。

5.2.2.3.3 经营者应区别不同情况实施救援:

——与客户对话可以解决的,应详细解答,具体指导,及时帮助处理;

——确需现场救援的,应提出最佳救援方案,主动告知救援收费标准,组织救援人员在规定时间内赶到救援现场;

——现场不能修复的车辆,经客户同意可拖车入厂,及时安排修理。车辆进厂时,按5.2.2.1的要求进行。

5.2.2.3.4 对夜间或恶劣天气等紧急救援需求,提供 24 h 汽车维修救援服务的经营者亦应按照规范及时施救。

5.3 进厂检验

5.3.1 质量检验员应根据车辆技术档案和客户陈述进行技术诊断。

5.3.2 进厂检验应在专用的工位或区域,按照相关技术标准或规范对车辆进行检验,并做好进厂检验记录。

5.3.3 需要解体检查或者路试的,应征得客户同意。

5.3.4 进厂检验后,应告知客户车辆技术状况、拟定的维修方案、建议维修项目和需要更换的配件。

5.4 签订合同

5.4.1 业务接待员应根据车辆进厂检验结果和客户需求,本着自愿、合法、适用的原则,与客户协商签订汽车维修合同。

5.4.2 维修合同应包含以下主要内容:

a.经营者、客户的名称

b.签约日期;

c.车辆基本信息;

d.维修项目;

e.收费标准、预计维修费用及费用超出的解决方式;

f.交车日期、地点、方式;

g.质量保证期。

5.4.3 经营者对机动车进行二级维护、总成修理、整车修理的,宜使用当地主管部门推荐的汽车维修合同示范文本。

5.4.4 维修过程应严格按照合同约定进行。确需增加维修项目的,经营者应及时与客户沟通,征得同意后,按规定签订补充合同。

5.4.5 经营者应将维修合同存入机动车维修档案。

5.5 维修作业与过程检验

5.5.1 经营者根据维修合同确认的维修项目,开具维修施工单。维修施工单应详细注明维修项目、作业部位、完成时间和注意事项。

5.5.2 视情对待修车辆进行车身清洁。

5.5.3 维修过程中,应采用合理措施保护车身内外表面等部位。

5.5.4 维修人员应执行相关的技术标准,使用技术状况良好的设备,按照维修施工单进行操作。不应擅自扩大作业范围,不应以次充好换用配件。作业后,应进行自检,并签字确认。

5.5.5 质量检验员应核查配件更换情况,并依据车辆维修标准或维修手册的技术要求实施车辆维修过程检验,按规定填写并留存过程检验记录。

5.5.6 维修过程检验不合格的作业项目,不应进入下一道工序,应重新作业。

5.5.7 经营者宜采用可视窗或视频设备等方式,供客户实时查看在修车辆。

5.5.8 业务接待员应掌握车辆维修情况,及时向客户反馈维修进度。

5.5.9 车辆维修完工后,维修人员应对车辆外表和内饰进行清洁,将车辆停放在竣工区域。

5.6 竣工检验

5.6.1 质量检验员应核查维修项目完成情况,按 GB/T 3798.1、GB/T 3798.2、GB/T 3799.1、GB/T 3799.2 和 GB/T 18344 等标准进行竣工检验,并填写维修竣工检验记录。对竣工检验中发现的不合格项目,应填写返工单,由维修人员返工作业。

5.6.2 经营者应执行《机动车维修竣工出厂合格证》制度。

5.7 结算交车

5.7.1 检验合格的车辆,业务接待员应查看外观,清点随车物品,做好交车准备,通知客户验收接车,并将维修作业项目、配件材料使用、维修竣工检验情况,以及出厂注意事项、质量保证期等内容以书面记录形式告知客户。

5.7.2 业务接待员应配合客户验收车辆,填写验收交接单,并引导客户办理结算手续。

5.7.3 价格结算员应严格按照公示并备案的维修工时定额及单价、配件价格等核定维修费用,开具机动车维修结算清单、维修发票。维修结算清单应将维修作业的检测诊断费、材料费、工时费、加工费及其它费用分项列出,并注明原厂配件、副厂配件或修复配件,由客户签字确认。

5.7.4 客户对维修作业项目和费用有疑问时,业务接待员或价格结算员应认真听取客户的意见,作出合理解释。客户完成结算手续后,业务接待员为客户办理出门手续,交付车辆钥匙、客户寄存物品、客户支付费用后剩余的维修材料,以及更换下的配件。

5.8 返修与抱怨处理

5.8.1 经营者应严格执行车辆返修制度,建立车辆返修记录,对返修项目进行技术分析。

5.8.2 在质量保证期内,因维修质量原因造成车辆无法正常使用,且经营者在三日内不能或无法提供因非维修原因而造成车辆无法使用的相关证据的,经营者应当优先安排,无偿返修,不应故意拖延或无理拒绝。

5.8.3 在质量保证期内,车辆因同一故障或者维修项目经两次修理仍不能正常使用的,经营者应当负责联系其他机动车维修经营者修理,并承担相应修理费用。

5.8.4 经营者应严格执行客户抱怨处理制度,明确受理范围、受理部门或人员、处理部门或人员及其职责、受理时限、处理时限等。

5.8.5 经营者应留存抱怨办理的记录,定期进行分析、总结。

5.9 跟踪服务

5.9.1 车辆维修竣工出厂后,经营者可通过客户意见卡、电话、短信或登门等方式回访客户,征询客户对车辆维修服务的意见,并做好记录。对客户的批评意见,应及时沟通并妥善处理。

5.9.2 跟踪服务应覆盖所有客户。回访人员应统计分析客户意见,并及时反馈给相关部门处理。对返修和客户抱怨处理后的结果应继续跟踪。

6 服务质量管理

6.1 人员管理

6.1.1 企业负责人、技术负责人及质量检验员、业务接待员、价格结算员,以及从事机修、电器、钣金、涂漆、车辆技术评估(含检测)作业的技术人员条件应符合 GB/T 21338 的规定。机动车维修技术人员配备应满足有关要求。

6.1.2 维修从业人员应按照作业规范进行维修作业。

6.1.3 经营者应根据维修服务活动和从业人员能力,制定和实施培训计划,做好培训记录。

6.2 设施设备管理

6.2.1 区环境清洁,各类指示标志清楚,重要区域和特种设备设立警示标志。

6.2.2 维修作业区应合理布局,划分工位,有充足的自然采光或人工照明。

6.2.3 维修、检测设备的规格和数量应与维修车型、维修规模和维修工艺相适应。

6.2.4 经营者应依据设备使用书,制定设备操作工艺规程。

6.2.5 经营者应制定设备维护计划,并认真实施。特种设备应重点维护。

6.2.6 检测设备、量具应按规定进行检定、校准。

6.2.7 经营者应建立设备档案,做好设备购置、验收、使用、维修、检定和报废处理记录。

6.3 配件管理

6.3.1 经营者应向具有合法资质的配件经销商采购配件。

6.3.2 经营者应建立采购配件登记制度,组织采购配件验收,查验产品合格证等相关证明,登记配件名称、规格型号、购买日期及供应商信息。

6.3.3 经营者应建立配件质量保证和追溯体系。原厂配件和副厂配件按制造厂规定执行质量保证。经营者与客户协商约定的原厂配件和副厂配件的质量保证期不得低于上述规定。修复配件的质量保证期,按照经营者与客户的约定执行。

6.3.4 经营者应制定配件检验分类制度,保留配件的更换、使用、报废处理的记录。

6.3.5 客户自带配件,经营者应与客户做好约定,使用前查验配件合格证明,提出使用意见,由客户确认签字,并妥善保管配件合格证明和签字记录,保存期限不得低于该配件质量保证期和维修质量保证期。

6.4 安全管理

6.4.1 经营者应建立安全生产组织机构和安全生产责任制度,明确各岗位人员安全职责。

6.4.2 经营者应制定安全生产应急预案,内容包括应急机构组成、责任人及分工、应急预案启动程序、应急救援工作程序等。

6.4.3 经营者应开展安全生产教育与督促检查,为员工提供国家规定的劳动安全卫生条件和必要的劳动防护用品。

6.4.4 经营者应确保生产设施、设备安全防护装置完好,按照规定配置消防设施和器材,设置消防、安全标志。有毒、易燃、易爆物品,腐蚀剂,压力容器的使用与存放应符合国家有关规定的要求。

6.4.5 机动车维修作业场所相应位置应张贴维修岗位与设备安全操作规程及安全注意事项。

6.5 环保管理

6.5.1 经营者应对维修产生的废弃物进行分类收集,及时对有害物质进行隔离、控制,委托有合法资质的机构定期回收,并留存废弃物处置记录。

6.5.2 维修作业环境应按环境保护标准的有关规定配置用于处理废气、废水的通风、吸尘、消声、净化等设施。

6.6 现场管理

经营者应制定现场管理规范,作业场所实行定置管理,工具、物料摆放整齐,标识清楚,做到工作台、配件、工具清洁,工具、配件、废料油污不落地,废油、废液、固体废弃物分类存放。

6.7 资料档案管理

6.7.1 经营者应了解并收集与维修服务相关的技术文件,具备有效的车辆维修标准和承修车型的技术资料。必要时,应制定车辆维修所需的各种工艺、检验指导文件。

6.7.2 经营者应建立机动车维修档案,并妥善保存。

6.7.3 车辆二级维护、总成修理、整车修理档案主要应包括:维修项目、维修合同、具体维修人员及质量检验员、进厂检验记录、过程检验记录、竣工检验记录、出厂合格证副本、结算清单等。保存期限不应少于两年。

7　服务质量控制

7.1 经营者应按规定建立维修服务质量管理体系,制定服务质量方针,加以实施并持续改进。

7.2 经营者应开展客户满意度调查,收集、整理客户反馈信息。

7.3 经营者应定期对维修服务实际成果进行检查,并记录检查结果。对检查中发现的问题,应采取有效的整改措施。

参考文献

[1] 机动车维修管理规定(中华人民共和国交通部令 2005 年第 7 号)
[2] 道路运输从业人员管理规定(中华人民共和国交通部令 2006 年第 9 号)

参考文献

［1］谭本忠,于立辉.汽车维修前台接待［M］.北京:北京理工大学出版社,2016.

［2］王彦峰.汽车维修接待实务［M］.北京:人民交通出版社,2017.

［3］李景芝.汽车维修服务接待［M］.2版.北京:人民交通出版社,2017.

［4］曾鑫.汽车维修业务接待［M］.北京:机械工业出版社,2015.

［5］王彦峰,杨柳青.汽车维修服务接待［M］.2版.北京:人民交通出版社,2012.

［6］马涛,范海飞.汽车维修业务接待［M］.2版.北京:人民交通出版社,2016.